U0023286

在地文史研究

臺南

過火儀式研究

吳明勳 ◎ 著

烘爐火
金紙火
火城
油鼎火
香爐火
燈燭火
柴火

天官賜福

天官賜福

局長序
留下生命禮俗的運作軌跡

　　「生命禮俗」係一個民族對待生命的態度，從出生、成年、結婚到終老，都有一套運作模式，久之成俗，並成為生活一部分，裡頭蘊藏著豐厚的人生哲理與生命史觀，這是人生極為重要的生命議題，也是一個城市發展極具特色的文化課題。為此，本專輯（第7輯）特以「大臺南生命禮俗專輯」為題，規劃出版《臺南生育禮俗研究》（吳建昇、陳志昌）、《臺南嫁娶禮俗研究》（張耘書、鄭佩雯）、《臺南喪葬禮俗研究》（楊士賢）、《臺南牽亡歌陣研究》（吳碧惠）等4書，廣泛調查研究大臺南生命禮俗的種種樣態，藉此開拓更為寬廣的文化視野，為這個時代留下生命禮俗的運作軌跡及其多元現象。

　　除此之外，為豐富「大臺南文化叢書」的內容與內涵，本專輯也特別規劃《臺南請水儀式研究》（周宗楊）、《臺南過火儀式研究》（吳明勳）等兩書，全面探討大臺南請水與過火民俗的諸多樣貌及其儀式意義，呈顯大臺南更為多樣的信仰文化，展現城市治理與文化發展的人文特色。

　　本專輯所邀請執筆的寫手，都是該議題的學者專家，長期浸染其研究領域，已多有掌握相關資料，再經一年的調查研

究，更能精準的梳理出每一主題的來龍去脈、豐富內容及其文化詮釋，皆值得一讀。

「大臺南文化叢書」以接地氣的心情，長期規劃出版在地文史專書，每一年幾乎都是規劃中、研究中和出版中等三位一體的同步進行，從不間斷，因此，2010年縣市合併後迄今短短9年間，這套叢書已出版54冊，委實為「臺南學」奠下基礎；未來，文化局一本初衷，繼續出版優良史書。

臺南市政府文化局局長

葉澤山

臺南過火儀式

作者序　觀火

　　在民俗儀式或熱鬧的廟會中，常可見到「過火」的動作，包括過烘爐火、香爐火、金紙火、油鼎火、柴火⋯⋯等等，這些大大小小的過火動作與儀式，其目的都脫離不了是為了潔淨與逐穢，人們借著這光明、聖潔、炙熱之火，來潔淨身心、器物與空間，也把所有的穢氣、災厄驅逐，使身體健康、運勢順遂、一切平安。

　　由於「過火」儀式往往都是一個大慶典裡的其中一個儀式，雖然平常在廟會田野調查中，也都會記錄得到，但一直都沒把它做較深入的分類與比較研究，直到此次受邀撰寫《臺南過火儀式研究》一書，才把過火儀式從田野調查中，分類成「過柴火」、「過烘爐火」、「過金紙火」、「過火城」、「過油鼎火」、「過香爐火」、「過燈燭火」等7種過火形態，並做了深入的比較與儀式探討，也把臺灣時常見到與火相關的信仰儀式，做整理撰述，期盼能讓更多人瞭解，火的信仰與儀式，在民間信仰與習俗中的重要性和多元性。

　　本書的出版，要感謝臺南市文化局與黃文博校長的邀約撰寫，謝國興老師的審查指導，以及地表最強的里幹事戴瑋志與好友黃志純辛苦的陪伴，一同騎車奔馳在山野林中，做過火儀

式的田調；在寫作過程中，也承蒙邱彥貴老師、楊笙珺、周宗楊、洪瑩發、林俊舜、李凱祥、周舜瑾、許評註、陳文安、陳進成、劉明同、黃信賢、黃智揚、文化局許琴梅小姐等等的關心、協助，在此謹致上最誠摯的謝意。

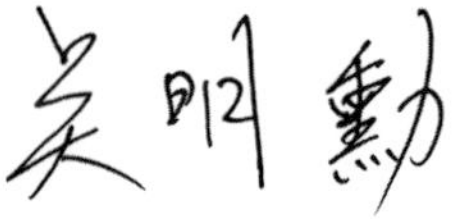

吳明勳

臺南過火儀式

局長序　留下生命禮俗的運作軌跡　　　　　　　003

作者序　觀火　　　　　　　　　　　　　　　005

第一章
前言　　　　　　　　　　　　　　　　　011

第二章
火的信仰與儀式　　　　　　　　　　017

　■ 第一節　請火儀式　　　　　　　　018
　■ 第二節　刈火儀式　　　　　　　　022
　■ 第三節　送火王儀式　　　　　　　025

第三章
過火形態與過火科儀　　　　　　035

　■ 第一節　過火形態　　　　　　　　035
　■ 第二節　過火儀式執行者　　　　　048
　■ 第三節　過火科儀　　　　　　　　052
　■ 第四節　過火原理與燙傷處理　　　069

Contents　│　目錄

第四章
從文獻與田調看臺灣各地的過火儀式　　073

▌第一節　文獻上的過火儀式記載　　073
▌第二節　臺灣各地的過火儀式　　085
▌第三節　近代新聞中的過火特色現象　　098

第五章
臺南過火儀式田野調查（1）──
過柴火　　105

▌第一節　四鯤鯓龍山寺的過火儀式　　105
▌第二節　安南區學甲寮慈興宮的過火儀式　　110
▌第三節　安南區清慈宮的過火儀式　　112
▌第四節　麻豆小埤頭普庵寺的過火儀式　　116
▌第五節　學甲慈濟宮過火儀式　　119
▌第六節　將軍玉天宮過火儀式　　125
▌第七節　二層行與大甲地區的過火儀式　　128
▌第八節　龍崎山區的過火儀式　　139

第六章

臺南過火儀式田野調查（2）——
過七星平安橋 153

▌ 第一節　七星平安橋　153

▌ 第二節　喜樹萬皇宮與灣裡萬年殿的七星平安橋　157

▌ 第三節　頂大道興濟宮的七星平安橋　160

▌ 第四節　安平文朱殿與正統鹿耳門聖母廟的七星平安橋　164

▌ 第五節　什二佃南天宮與新營延平郡王府的七星平安橋　169

▌ 第六節　麻豆海埔池王府與麻豆代天府的七星平安橋　172

▌ 第七節　六甲保安宮與佳里金唐殿的七星平安橋　175

第七章

臺南過火儀式田野調查（3）——
過烘爐火、油鼎火、金紙火 181

▌ 第一節　灣裡南岩超峰寺過烘爐火儀式　181

▌ 第二節　白河三官寶殿過三官七星爐火　184

▌ 第三節　關廟龜洞福安堂請水火過七星爐火　186

Contents ｜ 目錄

▌第四節　安平地區送神過油鼎火儀式　　　　　　187

▌第五節　學甲中洲慈福宮的過油鼎火儀式　　　　191

▌第六節　學甲頂山寮張濟宮過烘爐火與油鼎火儀式　196

▌第七節　永康保安宮過錢水路與過金紙火　　　　198

第八章
結論　　　　　　　　　　　　　　　　　　　205

參考書目與網站　　　　　　　　　　　　　　211

作者簡介　　　　　　　　　　　　　　　　　214

第 一 章

前言

　　懂得用火是人類文明進化的一個重要里程，火也成為是生活上所不可缺的，在民間信仰觀念中，火代表著光明、聖潔，有著驅逐邪穢之力量，有消災解厄的功能，所以許多宗教或民俗在其儀式中，都會使用到火來做為潔淨的功能，過火便是其中之一。

　　《道教大辭典》載：「靈寶淨明法派道士，建驅邪法事時，有行通過火山之儀。法於廣庭中，滿置薪炭，引火燃之，成為火埕，擬似崑崙火山，法師投之以符，掐之以訣，然後帶同道侶人等，赤足越過火燄，謂之過火山，亦曰過火埕，以為滅除邪妖也。」[1]這種所謂「過火山」的儀式，即臺灣民間常稱的「過火」，因為儀式中會「赤足越過火燄」，故又有「踏火[2]」之稱。

1　李叔還，《道教大辭典》(臺北：巨流圖書公司，1979)，頁597。
2　「踏火」一詞或許始用「蹈火」更為精確，但在文獻紀錄上與現實大眾認知，大部分都使用「踏火」，加上本書多引用許多文獻資料，為使書中文字連貫，故仍然使用「踏火」2字。

■ 於廣庭中，滿置薪炭，引火燃之，成為火埕，擬似崑崙火山。

　　一般在臺灣廟會現場，也常見有過火儀式，《澎湖廳志》載「又有法師與乩童相結，欲神附乩，必請法師催咒。每賽神建醮，則乩童披髮仗劍，跳躍而出，血流被面。或豎長梯，橫排刀劍，法師猱而上，乩童隨之。鄉人有膽力者，亦隨而上下。或堆柴爇火熾甚，躍而過之，婦女皆膜拜致敬焉。」，[3] 文中「堆柴爇火熾甚，躍而過之」，即為過火。

　　《安平縣雜記》載「法官者，自謂能召神遣將，為人驅邪治病，作一切禳解諸法（其派有紅頭師、青頭師之分，其弟子均名曰『法仔』）。神佛出境、淨油及踏火必用之，以請神焉（鋪柴炭於廟前曠地，熾火極盛，執旗幟、鑼少及扛神轎者，一一

3　林豪，《澎湖廳志》，頁327，（中央研究院漢籍電子文獻），2017年7月28日，檢索取自 http://hanji.sinica.edu.tw/index.html

■ 法師是臺南過火儀式中，常見的儀式執行者。

從炭上行過三次，名曰『踏火』)。」，[4] 文中所載「踏火」的過火
形態，於今日臺南地區尚可見到。

「過火」顧名思義就是從火上過，民間信仰中可從火上過
的包括神像、人、與各種器物，而過的「火」其形態則是眾
多，黃文博在《趣談民俗事》一書中，將過火的形態分為「過
爐火」、「過火城」、「過柴火」、「過金火」、「過炭火」等五種，[5]
而早期「過火」當指「踏火」此一形態，並無太多分類，但隨
著時間與空間的改變，慢慢可用其它形態來替代，如下雨或沒
場地，就改過「七星爐火」，過「七星金紙火」、等，沒空間或
不敢踏火，也可改過「油鼎火」、「炭火」，凡是從火上或火旁

4　不著撰人，《安平縣雜記》，頁23。
5　黃文博，《趣談民俗事》(臺北：臺原出版社，1998)，頁127。

■ 神像過油鼎火。

而過,皆可有原「過火」的功效。

筆者以田野調查所得,將黃文博所指的五種形態加以歸類添補,分成「過柴火」、「過烘爐火」、「過金紙火」、「過火城」、「過油鼎火」、「過香爐火」、「過燈燭火」等7種過火形態。

因應這些各種「過火」的形態,也產生了許多不同的過火方式,例如神像過火,就有手捧神像與抬神轎方式,而神像「過炭火」儀式,也分參與人員手捧神像或抬神轎,赤足踏火而過,還有人走炭火兩旁,只讓神像與神轎從炭火上過去這兩種方式;又如「過爐火」,可以將七個「爐火」於地上排列七星狀,讓人從爐火上跨過,亦可將七個爐火搭配平安橋,安置於橋下,形成「七星平安橋」,讓信眾從橋上走過。

不管何種形態的過火,與以何種的過火方式,其目的皆脫

離不了逐穢潔淨與驅邪消災解厄，當然神明到廟宇進香，或信眾持香火袋、保身符等，過廟宇香爐的「過香爐火」形態，則是為了使神明、香火、保身符等，獲得靈力的加持，使其更具神威。

這多元性的「過火」儀式，雖常在廟會活動見到，但它往往只是整個活動中的一個小儀式，唯其多樣化的過火方式，卻也讓這儀式呈現了多采多姿的民俗風貌。

第 二 章

火的信仰與儀式

　　「火」是過火儀式的主要元素，而「火」在民間信仰中，也產生了「火神」的信仰與相關儀式，對於用火或掌管火相關之遠古人物，如「炎帝」、「燧人氏」、「祝融」、「回祿」等等，民間信仰裡皆視為「火神」或「火王」，並以「火德星君」與「火王爺」尊稱之，以臺南為例，「祀典武廟」與「法華寺」皆有奉祀。而以「火」為主或相關的儀式更是不勝枚舉，例如出火、入火、請火、刈火、過火、踏火、踢火、送火王等等。林承緯根據儀式內容與特徵將其分為兩類，第一類主要透過與火燄的接觸達到淨化、聖化等宗教目的，例如過火、踏火、踢火、入火、出火；第二類則是將火視為一種超自然的象徵靈物，透過火燄的分取、製作、消滅，反應或滿足宗教上的需求，例如請火、刈火、送火王等。[1]

1　林承緯，〈火的民俗信仰及宗教祭典－以澎湖、北臺灣的法教過火為探討中心〉，《澎湖研究第11屆學術研討會論文輯》（澎湖縣政府文化局，2012），頁154-155。

本書以「過火」儀式研究為主，踏火、踢火、入火、出火皆為廣義的「過火」儀式，在往後的章節將有詳細說明，本章節僅以請火、刈火、送火王等，與火相關的儀式說明之。

▍第一節　請火儀式

　　「請火」儀式，主要是臺灣南部高屏地區廟宇經常舉行的儀式，在臺南關廟、歸仁與高雄交界的村落亦可見，主要還是與所聘請的儀式執行者的傳承有關。「請火」是以神明「招軍」為目的，故又有「招軍請火」之稱，民間亦以「刈香」稱之，其又因舉行地點有廟宇、水邊、海邊、山野之不同，又有「刈廟香（火）」、「刈水香（火）」、「刈山香（火）」等不同名稱，但在頭旗、招軍旗、香條、文書用字上，則常用「招軍請火」或「進香」之詞。

　　「請火」儀式舉行地點的設置是由神明事先指示，在廟宇與山野水邊所招募之軍，又有神兵與陰兵之分的說法，如是在山野海邊進行「招軍請火」，廟方會擇吉日前往該地點，設壇並豎立「招軍旗」，以公告招募兵員之事，讓外邪客鬼、無依無倚者，能夠前來投入法門，成為神明麾下兵將。如果是前往廟宇進行「招軍請火」，往往選擇為「祖廟」或香火鼎盛的廟宇，這種「刈廟香（火）」的請火儀式，有的會豎立「招軍旗」，有的只是貼香條告知而已，而在筆者的田野調查中也發現有較為特殊的例子，如歸仁新田池王宮往安平文朱殿，向文朱殿的主神「兵部李天王」請火領兵。不管是到廟所招募的神兵或山

■ 新田池王宮往安平文朱殿，向「兵部李天王」請火領兵。

野海邊所招募的陰兵，被招募隨主神回到廟宇後，皆成為該神明所用的神兵神將。

神明為何需要「招軍」？這是在請火現場，許多人共同的問題。民間信仰認知上，一間廟宇除了主祀與陪祀神明外，還有無形的神明部將，並設有內五營與外五營，內五營為廟宇神明近衛軍，外五營則以廟宇為中心，在聚落的東、南、西、北四個極點處，與廟宇前方（外中營）設立營頭，派遣兵將戍守，不許邪魔入侵，護衛聚落之平安。民間信仰觀念中，無論是神明辦事、綏靖巡安，或者是五營戍守防衛，在護民保境、陰陽正邪之爭下，神明的兵將都會有所折損，故須前往祖廟請調神兵神將，或到山野水邊招賢納士，徵募無祀孤魂前來投軍，以增神威靈力，而山野水邊在透過此招軍儀式，將「孤魂」收編為「兵將」後，也有清淨地方之效。

■ 於海邊舉行的「招軍請火」儀式，又有著「刈海（水）香」之稱。

　　「請火」儀式的舉行，大部份是在子時前後，從主辦廟宇出發行車到達請火地點，並由法師進行開壇、請神、開大營等儀式，在接近請火時間前一小時左右，[2] 法師會開始催咒來進行「觀神轎」，使神轎靈動起來，以代表神明已降臨，並在神轎或乩童的指示下，走到點請聖火的點，此點大都是在招軍旗附近，由爐主或神明指定人員會跪於地上，並將裝有淨香粉與少許火藥的聖爐（降真爐），以桶盤高舉過頭頂，吉時一到，在響徹雲霄的鑼鼓聲、鞭炮聲、吶喊聲中，法師或乩童會將綁有已點燃線香的七星劍插入聖爐中，聖爐火藥瞬間被點燃噴出聖

2　一般山野水邊的請火儀式，神明較喜歡定天剛要亮的卯時來請火，當然也有部份會定於其它時辰，而請廟火大都是在廟宇有開門的時辰。

火來，待聖爐聖火變小之時，工作人員隨即以金紙封住爐口，並以黑傘遮掩在宋江陣護衛下，迅速將聖火迎入壇中，置於香擔之內，以符令封鎮以防邪靈侵擾。

　　每次的請火儀式，所請的聖火數量，會因為神明的所須而不同，待請神明指定的聖火數量一一請齊後，工作人員隨即拔起招軍旗，完成謝壇，離開請火地點。由於法師的傳承或地方的俗例，「招軍請火」儀式完成後，大都會有繞境活動，並在神明返回廟裡安座前，亦會進行「過火儀式」，常見者有「踏柴火」與「過七星爐火」方式。待神明返廟安座後，再由法師開起「香擔」，將「招軍」請回的香火，分別召入廟中各香爐中，進行結爐，整個「招軍請火」儀式才算圓滿完成。

■ 1 臺南南鯤鯓代天府，常可見到高雄地區的請火儀式。

■ 2 高雄地區「招軍請火」完成後，神明返回廟裡安座前會進行「過火儀式」。

■ 3 臺南地區的「招軍」儀式，常見「請水」模式。

「請火」儀式，「火」為其重要元素，在認知上，由於神明所招之軍，為肉眼所未能見，故借點燃聖火之威，五方所降真炁，來象徵所招之軍已進入降真爐內，此與臺南地區的「招軍請水」儀式，取「水」來象徵所招之軍有相同意思。

高雄一帶廟宇的「請火」儀式，因請火地點也會設於臺南沿海或臺南廟宇，故在臺南的廟會現場也可見到此儀式，只不過山野水邊的「招軍請火」，大都在凌晨至清晨間舉行，一般民眾可能較少去注意。

▌第二節　刈火儀式

敬神焚香可源溯自古代祭天的「燔柴」儀式，也就是將木柴透過火的焚燒，讓氣味隨煙上飄，使神明歆享祭品，後來逐漸演變成透過燒香來敬神禮拜，香煙也成為人與神明溝通的渠道，藉由香煙的裊裊上升，將人們所祈願望上達天聽。

這種焚香以降神，焚香與神溝通的觀念，也慢慢形成信仰中「香火」的觀念，在民間信仰中，「香火」的觀念相當重要，從對廟宇常用的祝賀詞「香火鼎盛」就可見一斑，廟宇須透過「香火鼎盛」來張顯神威顯赫，一間沒有人焚香祭祀的廟宇，其神明靈力也將逐漸失去。

在焚香祭神的觀念演變下，焚香後產生的香灰，也成為廟宇神明靈力的印記－「香火」。早期臺灣先民渡海來臺，大部份的人會從原鄉的廟宇，包個香火成「香火袋」攜帶於身，做為護身保命之用，有的平安來臺後還會將香火繼續祭拜，甚至於

臺南刈火儀式

後來雕塑金身祭拜，「香火」也成為神明信仰傳播的重要聖物。

　　在臺南市這種以「香火袋」逐漸成為神明信仰或建廟的例子亦不少，如官田地區的「五庄王－伽藍尊王」信仰，便是胡姓先民自原鄉攜帶伽藍尊王「香火袋」來臺，後雕塑神明輪祀，逐漸成為角秀、烏山頭、渡子頭、洲子、新中五庄頭，重要的信仰。而以香火袋立廟的例如：市區的的媽祖樓天后宮、將軍的廣安宮、仁德的仁義興安宮、港崎頭萬龍宮……等等。

　　「香火」既是神明靈力的象徵，也是信仰傳播的重要因素，人們常到廟宇取個香火袋，在香爐上過個三圈，相信香火袋裡的香灰，有著神明的靈力可以護身平安，有的則取廟裡香爐的「香灰」，裝入新雕塑的神像裡，稱為「入神」，再經開光儀式後，成為承繼「香火」的分靈神尊。

■ 香火袋除了可以保身平安外，往往也是信仰傳播的媒介。

因為神明間有著分靈關係，分靈神尊每隔一段的時間，便要回到原分靈的「祖廟」，進行「謁祖」、「過爐」、「刈火」、「領兵」等儀式，再續靈力，這些儀式有個概括的總稱－「進香」。當然有些廟與廟彼此之間有「進香」的關係，並不代表就一定有分靈的關係，例如著名的白沙屯媽祖往北港朝天宮進香，還有許多非「李、池、吳、朱、范」姓氏的王爺，往南鯤鯓代天府進香，這些例子都說明了兩廟彼此間無分靈關係，甚至於祀神不同，而是借著到這些香火鼎盛的廟宇，進行「進香」或「會香」儀式，祈望神明也能夠一樣神威顯赫、香火鼎盛。

　　進香儀式中，最常見的就是「過爐」，也是神像由廟裡的香爐上通過，這是最基本款的「進香」儀式，無論是宮廟或者家中祀神，到廟宇進香都會進行此儀式，其目的在借由「過」廟宇香爐，以獲得靈力的加持，讓神明更加靈驗。而「領兵」與「刈火」則為宮廟神壇進香時所常見，以臺南地區為例，其儀式常由法師於被進香之廟宇先進行「召營領兵」，再將五營旗交由乩童，象徵「點交兵馬」完成領兵儀式，隨後再進到被進香的廟宇內進行「刈火」。

　　「刈火」在進香裡是相當重要的儀式，故神明都會事先擇選好吉時，「刈火」所刈之火，往往是被進香廟宇內殿神明爐之香火，信眾相信此香爐最接近神明，故最為神聖也最具神威。常見的「刈火」方式，就是以湯匙或七星劍、帝鐘、梧…等等，將被進香廟宇的神明爐之香火搖起，放進來進香的廟宇香爐中，迎入「香擔」裡，此動作又有「掬火」之稱。另一種「刈火」方式，則是「掬火」完成後，不急著迎入「香擔」，先讓兩

■ 神明進香「過爐」，可以獲得靈力的加
　持，讓神明更加靈驗。

■ 新港奉天宮往湄洲媽祖祖廟謁祖「掬
　火」。

爐火香煙交互纏繞成為一體，一段時間後，乩童以七星劍割開
香煙，隨即將香爐迎入「香擔」中，此種「刈火」方式，常因
同時來進香之廟宇眾多，較沒空間與時間來進行，故今所見的
「刈火」方式，還是單以「掬火」較多。

　　當完成「刈火」，將香爐迎入香擔裡後，隨即以神符貼封，
在黑旗、黑傘、涼傘、八家將、官將首、宋江陣…等，法器或
陣頭保護下返駕回宮，等返回宮廟後，廟方才會再開起香擔，
將「刈火」回來的香火，添加在宮廟裡的香爐中，承續被進香
廟宇之香火，祈望能跟該廟一樣，神香火更加鼎盛，神威更靈
驗顯赫。

▎第三節　送火王儀式

　　世界上有許多民族都有對火崇拜的信仰，臺灣的民間信仰
亦不例外，對於「火神」民間除了崇祀外，也會舉「禳熒祈安」
的儀式，就是俗稱的「火醮」或「送火王」，透過對於火王禳祀，

與儀式執行者的演法，祈求火王能驅逐地方上的火鬼、火獸，消弭火災，讓地方得以安寧。

臺灣南部靈寶派道士，常於大型醮典儀式前，安排進行「禳熒祈安」的火醮儀式，其目的是希望於正式醮典開始之前，將境域內易釀成災害的火鬼、火獸等驅逐出境，以保醮典平安進行。高屏地區的靈寶派道士，除「火醮」外，往往還會接著安排一日的「水醮」科儀，整個醮典名稱也會將「水」、「火」醮包括在內稱之，常見的有「水、火五朝醮」、「水、火七朝醮」、「水、火九朝醮」等。而臺南地區的靈寶派道士，通常會於大型醮典前，安排一日的「火醮」，或半日的「入門火部」，只有少數的醮典會特別安排「水醮」儀式。[3]

■ 高屏地區的「火醮」，以火王船來恭送火王押解火疫離境。

在「火醮」祭典上，高屏地區的儀式，上午進行的包括「發表」、「啟請火部諸神」、「火王開光」、「宣經」、「午供」等。下午則

■ 送火王船也會有添載儀式。

3　臺南靈寶道士的「水醮」儀式，主要有禳祀水王爺，恭送水王爺押水煞離境的「禳湟祈安醮」，與拔度水中沉魂滯魄的「牽水」儀式。

於禳祀火王後，進行火醮的「五雷神燈」科儀，儀式中分別焚化東、南、西、北、中五方的「玉清五雷神禳災運真符命」、「太上〇方和瘟符命」、「玉清〇方鎮滅火運真符命」，以安鎮五方，並貼「上清天赦符命」於「火王船」上。接著一道眾，身穿海清、頭綁紅巾，行紅頭法「開營放兵」，召集五方兵馬，再由道長率領道眾，手持法器，進行熱鬧的武場科儀「掃災押煞」，將所有火鬼災煞驅趕上「火王船」，最後進行祭船儀式，迎奉「火王爺」上「火王船」，並在唱班點載與開水路後，前往水（海）邊處焚送「火王船」離境。[4]

　　2017年臺南市仁德區港崎頭萬龍宮啟建五朝王醮，聘請高雄地區的靈寶道壇前來執法，故其「火醮」科儀，就是屬上述高屏地區的靈寶道壇演法方式，當「關祝五雷神燈」科儀完成，廟埕上會擺放著兩張板凳，板凳下置燃燒木炭的烘爐，爐上則放一只大鍋子，並以一個八卦米篩置放於板凳上，覆蓋著烘爐上的鍋子，板凳旁放著裝滿水的水桶、水瓢與掃帚（天地掃）、草席（草龍）等法器。道士們在儀桌前，分別拿著綠色、紅色、白色、黑色、黃色，分別代表東營、南營、西營、北營、中營的五營旗，在法咒聲中進行召營科儀，召來五營兵將，隨後由道長手持黃色掃災旗，率道眾分別持綠、紅、白、黑色掃災旗，奔跑環繞廟埕板凳周圍，興兵佈陣來驅趕火鬼、火煞，再分別持掃災旗、草席（草龍）、掃帚（天地掃）鍋蓋等法器，打押八

4　高屏地區的「水醮」，最後則將「水王爺」請上一紙糊的「水王船」，於水（海）邊處焚送「離境」。

■ 道士們手持掃災旗，興兵佈陣來驅趕火鬼、火煞。

■ 港崎頭萬龍宮「火醮」，庄民「過火厄」儀式。

卦米篩，象徵押制火鬼、火煞。

　　在「掃災押煞」進行前，廟方人員透過廣播系統告知庄民，要參加「過火厄」儀式的可以到廟程來，故當「掃災押煞」儀式暫告一段落時，道士們開始引導庄民走過進行儀式的板凳，象徵去除火厄，這種於火醮中進行「過火厄」的儀式是較特別少見的。雖然港崎頭萬龍宮「火醮」，是屬於高屏地區的靈寶道壇演法方式，但在送「火王」時，還是採用臺南地區的方式，將紙糊火王神像迎入紙糊小神轎內，再請至二層行溪溪邊處焚

送火王爺離境。

臺南靈寶道士的禳熒科儀，常見的有「一朝火醮」、「入門火部」、「小火部」三種，其中以「一朝火醮」最完整，而儀式進行只需半天時間的「入門火部」最常見，因其常在大型醮典起鼓前進行，故冠以「入門」之名與「一朝火醮」做為區別，至於「小火部」科儀，則較少見。

「一朝火醮」科儀，包括「發表啟聖」、「神尊開光」、「宣經」、「午供」、「禳熒酌獻」、「打火部」、「恭送火王」等，儀式隆重，往往要進行一整天，亦有提前於前日晚上，進行發表與神尊開光的。

由於火醮是一種驅逐火煞的儀式，故整個儀式現場不管是佈置，或是供桌的祭品都會盡量不用象徵火的「紅色」，而以象徵水的「黑色」替代，如「紅龜」改成黑色或咖啡色，飛聯

■ 臺南地區火醮所禳祀的火王爺，神案上使用白色蠟燭。

福符、醮榜改以黑底白字書寫等。

火醮一開始，先由高功道長、道眾領著會首信眾等，進行「發表」呈奏表章，通告三界諸天神聖啟建醮典之目的，並為紙糊的赤明大帝、燧人大帝、火烜大帝、[5]六星童子、火鈴將軍、五方火鬼、十二火獸等火部諸神神像，進行開光儀式。隨後啟請火王列聖蒞壇奉安寶座，宣誦「靈寶天尊說消禳火災妙經」。

在整個火醮中，除了請神時所宣誦《靈寶天尊說消禳火災妙經》外，道士團會也安排宣諷《玉樞寶經》、《北斗真經》、《三官妙經》、《三元寶懺》等，並於中午時進行「午供」，以香、花、燭、果、茶、酒、食、水、寶等，敬獻神明。

中午法事暫息，午後進行的科儀是「禳熒酌獻」與「打火部」。在「禳熒酌獻」儀式中，道長率道眾與醮主、信眾等，於火王爺聖前，焚香禮拜，行三獻酌之儀，祈望火部一切威靈，能夠祝融斂炎、熒惑收威，轉凶災而為吉慶，為地方帶來平安。

相對於「禳熒酌獻」的以禮祈求祝融遠離方式，接下來的「打火部」，則呈現是一個武力逐滅火煞的視覺感受。「打火部」儀式大都選在廟埕或空曠的地方舉行，現場會依五行方位各擺上「火爐」、「油燈」、「水桶」等，「火爐」與「油燈」會點燃火燄，象徵五方火煞，而「油燈」中的燈芯數量，則依東方九炁、南方三炁、西方七炁、北方五炁、中央十一炁之數放置。接著由道長手持以紅布白字書寫「南斗火官除災害罡」，與黑布

5　火醮儀式上，除有赤明大帝、燧人大帝、火烜大帝這組神像的組合外，尚有赤明大帝、燧人大帝、水仙王的組合。

臺南過火儀式

白字書寫「北斗水神滅凶災罡」的水火部旗，引領四位手持掃帚與扇子的道眾，口中誦念「滅火神咒」，依五行方位繞行穿梭於各火爐之中，以收斂五方之火，最後再以掃帚、扇子和水桶之水滅熄爐火，象徵除去五方火煞，完成「打火部」科儀。

■ 臺南火醮儀式中，道長手持水火部旗收斂五方之火。

在完成「打火部」的儀式後，接著進行送火王儀式，有別於高屏地區的以「火王船」來送火王，臺南地區，是以紙糊小神轎或八

■ 以掃帚、扇子與水桶之水滅熄爐火，象徵除去五方火煞。

攆神轎，將火王爺請至水（海）邊處焚送。在送火王離境時，有時廟宇會要求境域內包括住家、商家在內，必須同時熄燈關火，甚至有的地方，還會要求相關單位配合關閉路燈，深怕稍有不慎，會有火煞、火鬼、火獸等留連不去危害庄境。

相對於一朝火醮，半天的「入門火部」進行的儀式包括「神尊開光」、「宣誦靈寶天尊說消禳火災妙經」、「禳熒酌獻」、「打火部」、「恭送火王」等，而「小火部」則只有「神尊開光」、「酌獻」、「打火部」、「恭送火王」等儀式。登錄為臺南市無形文化資產的「將軍苓仔寮保濟宮冬至送火王」，即是「小火部」科儀。

臺南市許多廟宇除了於啟建大型醮典時，會增加啟建「一

■ 學甲煥昌文衡
殿送火王。

朝火醮」或「入門火部」外，將軍、學甲、佳里等地區，許多
聚落廟宇於每年舉行謝公願，亦或神明聖誕之時，也都會進行
簡單的禳煥祈安送火王儀式，例如將軍苓仔寮保濟宮、將軍番
仔厝聖何宮、學甲中洲惠濟宮、[6]學甲煥昌文衡殿、學甲白礁宮、
學甲下草坔慈興宮、佳里興震興宮…等等，其中除佳里興震興
宮為法師進行打火部儀式外，其餘皆由道士進行科儀。另外佳
里青龍宮則會於農曆3月15日，主神保生大帝聖誕時，進行禳
煥祈安送火王儀式。

　　而位於臺南市安南區溪頂寮的保安宮，則自日大正12年
（1923）開始，每逢子、卯、午、酉年，亦會舉行恭送火德星
君儀式。溪頂寮保安宮主祀保生大帝，於咸豐年間時由「徐群」
捐地建造草茅公厝，供奉學甲慈濟宮分靈而來之老大帝，光緒

6　學甲中洲惠濟宮於每年中壇元帥太子爺聖誕前一日，也就是農曆9月8日晚上，
　　會舉行小火部科儀，除恭送火王爺外，還會恭送牛王，祈求震災不會臨境。

臺南過火儀式

年間時遷至今中安宮廟址，並至府城頂大道興濟宮分靈保生大帝，是為二大帝；日大正12年（1923）遷建於今址，並定「保安宮」為廟名。

保安宮自從於今址建廟後，每逢子、卯、午、酉年，皆會於農曆3月15日保生大帝聖誕前，擇日往學甲慈濟宮與頂大道興濟宮進香，並舉行盛大繞境。農曆3月15日保生大帝聖誕日晚上，進行禳祀火德星君（火王爺）與送火王儀式。這個儀式是聘請三壇法師來進行科儀，法師在進行清壇請神後，接著會為紙塑的火德星君進行開光，並對火德星君進行禳祀酌獻之儀，祈求火德星君為地方收押火煞，待吉時一到，迎請火德星君登上保生大帝神轎，由宋江陣護衛協助火王爺押送火煞，全庄熄燈噤聲，恭送火王爺出庄，於鹽水溪畔焚送火王爺押煞回旋烜宮，祈佑地方不再有祝融之災。由於這3年一次的送火王儀式，是與保安宮3年1科的繞境同年來舉行，故當地人稱這整個進香、繞境、送火王祭典為「火王科」。

同樣面對火災所產生的儀式，位於臺南市南區的喜樹聚落，有著另一種別於禳焚送火王的儀式，那就是啟建「龜醮」

■ 溪頂寮火王科，三壇法師為火德星君進行開光。

■ 火德星君迎請上大醮，準備送火王。

以懺悔之心，祈求火災不再發生的習俗。喜樹地區相傳200餘年前某夜，聚落內發生了數起火災，大火似乎是有針對一些特定對象房子，而非房屋整排連棟火燒，這樣奇特現象經庄民求問於喜樹萬皇宮的王爺，方知是日前民眾宰殺分食捕獲的大海龜，遭到龍宮水族兵將報復所至，所以火燒的房子都是那些有食用海龜肉的庄民房子，為避免火災再度發生，於是經過王爺與龍宮協調溝通，定下了每年農曆的8月24日，由庄民敬備祭品於海邊祭拜，犒賞水族兵將，並焚送一艘滿載添載物品的「送糧船」到龍宮懺悔陪罪，於是形成了這種因火災而產生的祭典，喜樹人稱為「龜醮」，而當時火燒只燒特定對象房子的現象，也為這事件留下了一句「火燒厝，燒過間」的俗諺。

■ 龜醮燒船送添載，以懺悔之心祈求祝融之災不再臨。

第 三 章

過火形態與過火科儀

■ 第一節　過火形態

　　廣義的「過火」是指從火上過，民間信仰中可從火上過的包括神像、人、與各種器物，而過的「火」其形態則是眾多，黃文博在《趣談民俗事》一書中，將過火的形態分為「過爐火」、「過火城」、「過柴火」、「過金火」、「過炭火」等五種。[1] 而本書則以田野調查所得，將臺南地區的過火儀式類型，大致分成「過柴火」、「過烘爐火」、「過金紙火」、「過火城」、「過油鼎火」、「過香爐火」、「過燈燭火」等7種過火形態，其中除了「過火城」較為少見外，其餘皆尚可在臺南廟會儀式中看到。而這些不同的過火形態，也可能在同一個儀式中，分別被使用，如過平安橋的儀式裡，

1　黃文博，《趣談民俗事》（臺北：臺原出版社，1998），頁127。

即可見「過烘爐火」、「過燈燭火」、「過油鼎火」等形態；神明繞境回鑾安座前的過火，亦可見「過烘爐火」、「過柴火」、「過金紙火」、「過炭火」等形態。

■ 道長將全新的法索，過烘爐火來潔淨與聖化。

一、過烘爐火與過燈燭火

　　「過烘爐火」是習俗中最簡單的除穢儀式，在婚喪習俗中亦可見。婚嫁中當新娘迎娶回來，便要跨過烘爐火踩破瓦片，才能進入男方家，代表著是破除新娘命中所帶之沖煞，不讓其對夫家有所不好的影響，當然這樣的認知，在現代人的感覺中，難免覺得有性別歧視。而在傳統喪俗中，喪家在出殯完畢，返家前也都會進行過火儀式，其可過烘爐火、金紙火，茅草火……等等，其意是為了要除去身上的穢氣。其它如遭受病災住院一段時間出院返家，或受牢獄之災出獄返家等，在進入家門時，也常見以過烘爐火習俗，同樣的其目的也都是要除去不順遂的災厄，別把不好運勢帶入家中。

　　而在民間信仰儀式上，過「過烘爐火」也是常見的儀式，「烘爐火」是指將木炭於烘爐內燃燒之火，有時也會在烘爐火上，撒些「淨香末」讓其產生香煙繚繞之視覺，以淨香的潔淨

臺南過火儀式

■ 喜樹萬皇宮繞
境結束後，神
轎過七星爐火
入廟。

的功能，使烘爐火發揮更大功效。

　　過烘爐火儀式常在廟宇新建神明入火前、繞境回鑾入廟前、造橋過限時見到，其儀式準備較為簡便，所需儀式空間不用太大，是常見的原因，尤其許多原本要進行「過柴火」的儀式，如遇天氣不好下大雨時，也都會改以過烘爐火方式。

　　廟宇新建或修建落成，神明在入火安座前，許多廟宇都會安排「過七星爐」儀式，「七星爐」就是準備七座「烘爐火」，排列成七星狀或成一直線，再由工作人員手捧神像、神爐等，依序跨過「七星爐火」，迎請神明入廟安座。而繞境回鑾入廟前的過「七星爐火」，則大都是抬著神轎來進行，等過完之後再迎請神明下轎，進入廟內安座。

　　這種入火安座過「七星爐火」的儀式，傳統上本是應該過柴火，但由於空間的限制或天氣的影響，甚至於人們簡化儀式內容或安全性的需求，所以逐漸被過「七星爐火」所取代，故過「七星爐火」在儀式認知上，是有過「柴火」的同樣效果。

■ 七星平安橋，橋頭有烘爐火，橋下亦有
七星火。

■ 安平杭州殿入火安座，進行過七星
爐火儀式。

　　而我們也常可在「造橋過限」儀式中，看到「七星爐火」的應用。「造橋過限」是民間信仰中常見的「解厄」儀式之一，所造之橋一般以「七星橋」、「平安橋」、「七星平安橋」、「龍虎平安橋」稱之，此橋並非真橋，常見的有以長板凳代替，或以鐵架木板搭造成一座橋，有的還會於橋頭、橋尾各搭一座城門，城門有龍、虎之分，一般以登橋處為龍門，下橋處為虎門，城門亦象徵關卡，進入龍門走過七星平安橋，出了虎門就代表了「過了關、度了限」。在造此「七星平安橋」時，通常都會由法師或道士，進行相關造橋科儀，橋柱四方與橋中央，依五方位置貼上五營符令，橋頭與橋尾處會各安置一個「烘爐火」，橋下有的會安置排列成七星狀的七星爐火或七盞燈火，這七盞燈大部份是點亮「油燈」或「蠟燭」，也就是本書所定義的「燈燭火」。

　　人類自古便有著對於日、月、星辰的崇拜，民間信仰裡相

信，透過對這些天上自然發光星體的祭祀儀式，可以達到消災解厄、延年益壽的神效，尤其道教在「生從南斗來，魂歸北斗去」，這種「南斗註生、北斗註死」的觀念下，產生「禮斗」相關科儀。而在臺灣民間信仰裡，則以「造橋解厄」儀式，在橋下設置對應天上北斗的「七星火」，讓信眾從橋上走過，借北斗七星之神威，為信眾消災解厄，故「造橋過限」儀式之橋，也因此有著「七星橋」之名。此儀式的進行，一般是讓信眾跨過橋頭「烘爐火」上橋，入龍門（喉）走過「七星平安橋」，出虎門（口）再跨過橋尾「烘爐火」下橋，由法師、道士或手轎、乩童進行「祭解」，為信眾「解厄」，這種跨過七星橋前、後的「烘爐火」，有著「過火限、度火厄」之意。

二、過柴火與過金紙火

「過柴火」即一般所熟悉常見的「過火」、「踏火」的形態，也就是將「木柴」堆成堆焚燒，再由法師或道士等儀式執行者，

■ 踏火在臺灣北部以炭火為主，臺灣南部則是以柴火為主。

■ 茄萣金鑾宮王醮送王船後，入廟前進行過「火稜（龍）」儀式。

來進行開火門等相關儀式，引領信眾或神轎直接赤腳踏火而過，或將神轎於柴火上懸空而過。常見「過柴火」所使用的「木柴」有「龍眼木」、「竹頭」、「相思木」、「銀合歡」等等。

「過柴火」可從儀式中是否有撒「鹽」或「香末」，分為「過生（青）火」[2]與「過熟火」兩種形式，無「鹽」或「香末」稱為過「過生火」，反之則稱為「過熟火」，由於「過生火」較具危險性，常造成燙傷事件，現在臺南除一些地區保留此形式外，大都以「過熟火」為主。「過生火」與「過熟火」除上述的有無撒鹽之分外，也有認為過有火燄的火稱為「過生火」，因為當柴火在燃燒時火燄略成青色故稱「青火」，而柴火燃燒成炙熱通紅時，有如柴已燒熟故稱「熟火」。

2　「生火」的「生」在此臺語音讀作「thinn」，與「青」臺語讀音同，故亦寫做「青火」。

■ 早期仁德大甲慈濟宮過火，是過金紙火的「火稜（龍）」。

　　而在儀式的名稱上，「過柴火」又有「過火山」、「過火盆
（埕）」之稱，即為《道教大辭典》所載：「於廣庭中，滿置薪炭，
引火燃之，成為火埕，擬似崑崙火山，法師投之以符，掐之以
訣，然後帶同道侶人等，赤足越過火燄，謂之過火山，亦曰過
火埕……」。[3]近年來有些地方為了安全起見，過火儀式改成「過
而不踏」的方式來進行，也就是當柴火由「堆」燃燒成「小炭」
時，用竹子將其掃成一直線狀名謂「火稜（龍）」，人雙腳踏地
於火稜兩旁行走，雙手由火堆上而過，或神轎、神像由火堆上
而過，稱之為「過火稜（龍）」。

　　「稜」台語音「lîng」，就是田埂、田壟，種植作物的長條
形土堆，如種菜的稱「菜稜」，種番薯的稱「番薯稜」。過火儀

3　李叔還，《道教大辭典》，頁597。

式中，將燃燒的柴炭或金紙，推成長條形土堆狀即稱「火稜」，又因「稜」臺語音同「龍」，故亦稱「火龍」。

「過柴火」依其常見形狀可分成「一堆型」：用炭火任意攤平成一堆；「長條型」：炭火堆成長條型，此型常見者即上述之火稜（龍）；「五堆型」：主要分成東、南、西、北、中五堆炭火，有五營或五行之意；「七堆型」：七堆柴火排列成七星狀，或成十字型狀，因七堆之數故又稱七星火。

「過金紙火」就是從燃燒的金紙上通過的方式，其可分單純的過一金紙火，常見的神明上轎出發時或停轎下轎時，所過的「上馬金」、「下馬金」即是此形態，或將金紙堆排列成七星狀的燃燒，從上而過，稱為「過七星火」，亦有將地面挖一直溝，將金紙燃燒於溝內，人雙腳踏地於兩旁行走，雙手由金紙火上而過，或神轎、神像由金紙火上而過，亦稱為「過火稜（龍）」。

三、過火城

「過火城」儀式，由於危險性相對於其它過火形態來的高，近年來已少見。其一樣是以木柴疊搭成極高山形，而於山形內留下一人高空間並開四門，故又名「黑山盆城」，由於今此形態過火已難見，我們可從黃文博在《趣談民俗事》一書裡詳細的記載中，來瞭解其儀式進行情況。

火城的造形，用五至七萬斤的龍眼柴或相思樹柴搭建，成金字塔狀，留四門，城高約三丈，整個儀式由「紅頭仔」（法師）和童乩主持，前者調兵安城，後著開城領路。主要有七個過程：

1. 點火／配合木屑和金紙，童乩按五行方位由東南西北中依次點火，使「火城」燃燒起來。

2. 調營／此時，「紅頭仔」也開使作法調請五營兵將前來安城，其順序也是東南西北中的五行方位。

3. 淨身／童乩先在「火城」前的兩盆「腳桶水」中作法安符，然後指示凡是想要過城的人，都必須先行淨身，以免冒瀆神聖，左盆水淨面，右盆水淨腳。

4. 巡城／在燃燒的過程中，童乩一直來回繞城巡視，其實這就是在觀察「開城」的時機。

5. 開城／燒了兩個小時後，「火城」正烈，一片火海，童乩適時「開火城」，依五行方位一一操刀舞劍砍劈一番，表示火城已開，可以開使過城了。

6. 過城／由乩童領頭帶路，捧神像者，一般善信打赤腳緊跟在後，童乩揮起七星寶劍，一聲令下，眾人便魚貫由城門下鑽過，東進西出，南進北出……來回穿梭。

7. 封城／過城畢，童乩隨時作法封城，禁止任何人再靠近，以防崩城，「紅頭仔」也同時唸咒送神退除法力。[4]

四、過油鼎火

「油鼎火」的應用，在民間信仰儀式中是十分常見的，舉凡建醮、入火、神明出巡、安營、收煞、送神、過限解厄……等等，大大小小的科儀中都可見到，其目的在於潔淨、逐穢，

---

4 黃文博，《趣談民俗事》，頁 133 – 135。

故亦稱為「焚油逐穢」，一般民間則俗稱為「煮油」、「淨油」。

　　「煮油」是一種非常直接又貼切的稱法，顧名思義就是將油倒入鼎內，再用火去煮（加熱）；而「淨油」一詞則是把其目的「淨」字，用在其名中。一般進行煮「油鼎火」儀式所倒之油大都為食用油，以花生油和麻油較為常見，當然亦有混油的，倒入鼎中的油大約5分滿，鼎中置一金紙摺成的燈心，油鼎置於火爐上加熱，現在為求加熱速度快點，也可見直接用瓦斯爐加熱的，待鼎中的油到達適中溫度時，會將燈心點燃，以酒噴入油鼎內，讓火燄頓時上沖，達到借由火燄之威來潔淨、逐穢之目的。這個儀式算是法派的儀式，即使是由道士來進行，也可見道士頭綁紅巾、手持角鼓來行法。

■「過油鼎火」可潔淨
　人身，除去人身上的
　穢氣。

■「油鼎火」的應用，在
　民間信仰儀式中是經
　常見的。

■ 土城仔香過油鼎火，信眾大排長龍。　■ 臺灣縣城隍廟農曆8月初的夜巡，透過「油鼎火」來進行路祭。

　　在廟宇將舉行大型醮典時，都會安排進行「焚油逐穢」科儀，當所有醮場空間佈置完成，會由道士或法師來進行「煮油」，以「油鼎火」火燄之威，逐去所有不潔與穢氣，來潔淨空間與所有器物，將空間與器物聖化，以迎接醮典的舉行。

　　「油鼎火」的應用，除了借火燄之威來潔淨空間之外，人們也相信「過油鼎火」亦可潔淨人身與器物，除去人身上的穢氣。「過油鼎火」除了從油鼎火上跨過外，也以可見當噴酒至油鼎內讓火光沖起，民眾伸出雙手，迅速將火燄往身上攬來潔淨身心，稱為「抱火」。

　　以臺南市安南區土城鹿耳門聖母廟三年一科的「土城仔香」為例，在「請王」大典要展開之前，道士會先於醮場內進行「焚油除穢」儀式，並將醮場、五王殿、媽祖殿、佛祖殿、燈篙等醮域場地潔淨一番，然後再讓會首、醮務人員、陣頭人員、信眾等，進行過火除穢，尤其是當輪到開放讓信眾過「油鼎火」時，人潮可說大排長龍，盛況空前。而每年大年初一上午，安南區的學甲寮慈興宮，廟方也會進行「煮油淨車」儀式，有眾多的信徒會開著轎車或騎著機車，來讓汽機車過火潔淨逐穢一

下，以祈求新的一年能行車平安。

　　除此之外，臺南的民間信仰儀式中，許多廟宇在出巡繞境前、陣頭、神轎也都會先進行「過油鼎火」後再出巡，亦有神明出巡者，抬著「油鼎火」一同出巡，一來可為信眾淨宅，也可以於常發生事故的路口，或繞境域四隅路口空間，來進行逐穢，亦有稱借「油鼎」來炸鬼、魅、魍、魎的。

五、過香爐火

　　「進香」儀式是臺灣民信仰中常見的祭典活動，其目的在於借著進香儀式，讓神像神靈前往「祖廟」或香火鼎盛的廟宇，透過神像「過香爐火」或「掬取香爐火」回廟，讓神像神靈更加威靈顯赫。

　　我們也可常在廟中見到，信眾將隨身物品或香火信物等，於香爐上旋繞，藉著過香爐火的薰陶來潔淨物品，或增加香火信物的靈力，以便攜帶於身上獲得保命護身之功能。同樣的，有些廟宇也會提供「淨香爐」，讓信眾將淨香爐點燃取出廟外，在汽車或機車等交通工具，輪前車下燻繞一番，讓無法於香爐上「過香爐火」的交通工具，同樣達到「過香爐火」潔淨除穢的功能。

　　在現今社會中，過香爐火又增添了許多有趣的功能，例如2018年5月7日《ETtoday新聞雲－板橋媽祖廟舉行過火儀式！「專屬平安符」庇護毛孩健康長大》新聞載：「今年恰逢是戊戌狗年，動保處製作毛寶貝專屬的go（狗）平安符，意思是『go平安』即保佑行車平安的意義，取其諧音為『狗平安』或『夠

■ 信眾將香火袋，於香爐上懸繞過香爐火。

平安』有保佑毛寶貝平安健康之意，特別選在7日（媽祖生辰的前一日）在板橋慈惠宮舉辦go（狗）平安符過火儀式，讓媽祖庇佑所有毛寶貝健康平安，當然，更期望與民眾攜手共進，共同營造動物友善之都。」。[5]

現代人都把寵物當成家中的一份子看待，2018年剛好是戊戌狗年，新北市動保處於是結合平安符文化與取諧音為「狗平安」、「夠平安」概念，於板橋慈惠宮舉辦「go（狗）平安符過火儀式」，讓家中的寵物狗也有專屬過過火的平安符，順便推廣寵物植入晶片活動。

除此之外，在現代人無限的文化創意下，許許多的東西都被拿來過香火，以求吉利，例如在「2016臺中大甲媽祖國際觀

5　2018年7月6日，檢索取自 https://pets.ettoday.net/news/1164398

光文化節」活動中，臺中郵局與大甲鎮瀾宮合作，設計推出大甲媽祖紀念郵摺一款，供媽祖信徒及集郵愛好者蒐集珍藏，並由台中郵局何重謙局長與鎮瀾宮副董事長鄭銘坤，於2016年3月29日上午10時30分在鎮瀾宮大殿，共同舉行三獻禮，並為媽祖紀念郵摺祈福過火儀式。在2018年花壇文德宮偕同彰化郵局製作，發行1000套的「戊戌年花壇文德宮福德老爺個人化郵票」，該郵票以昔日福德老爺老照片作為影像主題，也於2018年2月23日邀請彰化縣長魏明谷、花壇鄉長李成濟及彰化郵局局長王義修等人，於花壇文德宮共同舉行「郵票過火祈福儀式」，為這深具文化內涵的郵票增添福德老爺的「神氣」。[6]

■ 第二節　過火儀式執行者

在臺南過火儀式的執行者，主要是以法師、道士、神明為主。其中「神明」指的是由神靈降駕，而產生靈動的乩童、手轎、四輦轎（或稱四輦、四駕、輦轎）等等，其一切皆以神意來主導儀式的進行；而道士在過火的演法行儀上，通常都會頭綁紅巾做法師打扮來行「法派」之法。從臺南過火儀式的田調中，這三種過火儀式執行者，以法師最為常見。

「法師」是法教儀式執行者的統稱，其有許多不同稱呼，如「法仔」、「法爺」、「三壇」、「法官」、「福官」等等。「法仔」

6　2018年2月23日《今日新聞－花壇文德宮福德老爺個人化郵票過火祈福添「神氣」》，檢索取自 https://www.storm.mg/localarticle/370974

亦稱「小法」，大都是指對「小法團」中法師成員的稱呼，較特別的是，安平傳統聚落對於「小法團」中法師成員的稱呼，除了「法仔」之稱外，還會稱為「法爺」。而「三壇」與「法官」則常見稱小法團以外的「法師」，其中以「三壇」最常聽到，另外「福官」一詞常見稱澎湖地區，或傳臺之澎湖法派的法師。

■「法師」是法教儀式執行者的統稱，有著許多不同稱呼。

■ 安南區清慈宮過火儀式中，乩童巡視柴火。

在《安平縣雜記》中載：「法官者，自謂能召神遣將，為人驅邪治病，作一切禳解諸法（其派有紅頭師、青頭師之分，其弟子均名曰『法仔』)」。[8]文中將法師分為「紅頭師」與「青頭師」之分，「紅頭師」在臺南地區可指「三奶（乃）派」的法師，或著「紅頭小法團」，俗稱「紅頭法仔」或「紅頭小法」。而臺南地區小法團除「紅頭」之外尚有黑頭之分，「黑頭」即《安平縣

7　「福官」一詞也可能是「法官」一詞口音之關係，而產生的寫法。
8　不著撰人，《安平縣雜記》，頁23，（中央研究院漢籍電子文獻），2017年7月28日，檢索取自 http://hanji.sinica.edu.tw/index.html

雜記》中所載之「青頭師」，因「青」字在古時可指黑色，如李白在《將進酒》中的「朝如青絲暮成雪」一詞，「青」字即指黑色之意，故筆者認為「青頭師」，應是指臺南地區的「黑頭小法團」。

如以「紅頭」與「青頭」（黑頭）來分法師派別有點太過於籠統，也亦容易混淆。在臺南鄉下地方「三奶（乃）派」法師，在進行法事科儀時，都會頭上綁紅巾，故稱為「紅頭仔」或「紅頭法師」，但現在各派所謂「黑頭法師」在行法之時，卻少有頭綁黑巾者，反而在安平妙壽宮的「黑頭小法團」（普庵派），其演法行儀時，「法師頭」頭上卻會綁上紅巾，所以以「紅頭」與「黑頭」來做法師派別的分法，是有點過於籠統，畢竟法教不止只有這兩派別而已。

日治時期學者丸井圭治郎，在其《臺灣宗教調查報書》中提到「然而還有另一個稱為法教的，按照法教信徒所說的，自己成為別的另一個派別。法教看起來好像是獨立的派別，但是

■ 四鯤鯓龍山寺的踏火儀式，是由小法團擔任儀式執行者。

臺南過火儀式

畢竟只是道教的一部份而已，其中一派有叫三奶派，它在臺灣很廣布。」這是臺灣的文獻上最早出現「法教」一詞，雖然法師與信徒們都認為法師是自成一教的，但丸井圭治郎仍將其視為道教的一脈。[9]

而劉枝萬教授則認為：「法師素以紅布纏頭，以作法治病，驅邪押煞為業，地位雖遜於道士，卻是民間信仰主角。『法教』者，乃法師為比擬道教所創之名詞，因為道教皆兼修道法二門，以致兩教常被混同。論其本質，法師不過是巫覡之徒，固非司教，雖然獨樹一派，勉強立教，卻無明確教義，且乏經典，僅靠符咒而已，究竟道法似是而非，涇渭分明。」[10]劉枝萬教授並將法教派別，細分成以許真君為祖師的「閭山教」、以徐甲真人為祖師的「徐甲教」、以姜太公為祖師的「客仔教」、以普庵祖師為祖師的「普庵教」、以嘛呢佛為祖師的「嘛呢教」；其中「閭山教」門下又分成：以臨水夫人為祖師的「三奶教」、以張聖君（張公法主）為祖師的「法主公教」。

目前臺南地區的過火儀式中，儀式執行者大都以法師為主，當中舊府城區、安平舊聚落、四鯤鯓等地，是以「小法團」為主，而舊臺南縣區則以「紅頭法師」為主，通常「紅頭法師」是以搭配一人鼓鑼後場為一組，來進行法事，民間亦常以「三壇法師」來稱之。

9　邱致嘉，〈安平宮廟小法團之研究－以海頭社法派為例〉（國立臺南大學臺灣文化研究所，2012），頁7。
10　劉枝萬，〈臺灣之法教〉《臺灣文獻》，57卷3期，頁1。

■ 第三節　過火科儀

　　臺南地區所有過火形態中，除了由神明降駕來指示儀式的進行外，絕大部份都需要儀式執行者來行儀演法，主導整個過火儀式，而這儀式執行者大部分都是「法師」或「道士」，我們可常見道士在做過火儀式時，時常身穿海清、頭綁紅巾，來借法門法術行儀，雖然各儀式執行者的師承與傳法內容不同，但在過火的基本儀式架構卻是大同小異的。

　　筆者將臺南常見的過火形態分成「過柴火」、「過烘爐火」、「過金紙火」、「過火城」、「過油鼎火」、「過香爐火」、「過燈燭火」等7種，其中「過柴火」、「過金紙火」、「過火城」等儀式，其儀式主要程序大致相同，而「過烘爐火」、「過燈燭火」時常應用在過「七星平安橋」儀式中，故本節即以「過柴火」、「過七星平安橋」、「過油鼎火」3部份，來介紹其科儀內容。

一、過柴火科儀

　　在臺南常見的7種過火形態中，「過柴火」、「過七星爐」、「過金紙火」、「過火城」等儀式，其儀式主要程序大致相同，主要有焚香啟奏、清壇請神、調（召）請五營兵將安鎮五方、開火門、過火、關火門、謝壇等。

> 1. 焚香啟奏：即儀式開始，廟方人員在法師的引領下，焚香向天界與廟內、壇上諸神，稟報舉行儀式內容與目的，有些地方較隆重者，會準備疏文上奏，甚至於會於舉行

過火儀式前置天臺數日，以祈儀式平安順利。

2. 清壇請神：在後場鑼鼓配合下，法師開咒念唱各派師承的請神咒，奉請三界諸神聖駕蒞壇，並傳達舉行儀式事宜，儀式中法師亦會口中持咒，手持淨水或鹽米在過火場之柴堆灑淨。

3. 召五營安鎮五方結界：在法師完成請神儀式後，會由法師或乩童、手轎、輦轎等，來指示工作人員點燃柴火，接著法師會於柴堆的五方，開始唸唱「五營咒」，依東、南、西、北、中五方，一手舞七星劍，一手搖動五營旗，吹角鼓、打法索，召請五營兵將前來安鎮過火場的五方。

■ 焚香向天界諸神啟奏過火事宜。

■ 法師開咒清壇請神。

■ 法師召請五營兵將，前來安鎮過火場的五方。

■ 法師持七星劍於踏火入口處地上畫符「開火門（路）」。

因各派師承咒語還是有些不同，例如調東營就有「法鼓差明第一聲，一聲法鼓調東營，東營軍馬九千九萬將，軍馬九千九萬人，人人頭戴帽身帶甲，手舉長鎗青炎旗，龍車龍車嘈嘈，兵馬到，排兵走馬到壇前。」與「一聲法鼓鬧紛紛，拜請東營軍東營將，東營軍馬九夷軍，九夷軍九千九萬人，人人頭戴大帽身穿甲，手舉金槍青令旗，火炎光，火炎明，請到座，軍馬到挑軍，走馬到壇來，到壇來，神兵火急如律令。」。

4. 過火：召營安鎮完成，等待柴火燃燒成較小之炭火，再由工作人員以竹竿，將其擊的更碎小並將火柴堆攤平。此刻法師也會開始念唱起「雪山咒」，放「過火符」與向火堆「撒鹽」，最後持七星劍或法索、觀音指（手指），於踏火入口處地上或懸空畫符「開火門（路）」，引領乩童、神轎與所有要過火人員開始過火，等所有人員過火完成後，即行法「關火門（路）」與收兵謝壇，完成過火儀式。

在過火儀式中，「鐵公聖者咒」、「雪山咒」、「水德星君咒」、「唐王真君咒」、「葛氏真君咒」、「周氏真君咒」等與踏火相關的法咒，還有「過火符」、「淨香末」、「鹽」，可說有重要之用處。上述相關法咒在過火儀式中，因師承法派不同，不是所有法師於請神儀式中都會念唱，但確是與過火儀式相關；「鐵公聖者咒」、「雪山咒」、「水德星君咒」主要奉請鐵公聖者、雪山童子、雪山、霜山二大聖、水德星君諸聖蒞壇，不管是過火還是淨油

（煮油鼎火）皆會用到，其有降溫與制火之效，讓在行過火與淨油儀式時更加安全。而「唐王真君咒」、「葛氏真君咒」、「周氏真君咒」等咒，是部份法師（派）用在過火之時，請三位真君前來安鎮天、地、水三界之用，望在進行過火時，能保大家平安。

　　以下擷抄幾條相關的法咒，須說明的是，各派法師在法咒的傳承上，會因選用的咒語或音傳的口誤，產生咒語內容或用字的不同。

鐵公聖者咒（一）

　　謹請鐵公鐵將軍，兄弟兩人鎮乾坤。
　　太上老君親勅令，壇前作法鬧紛紛。
　　三教祖師行正法，壇中行罡法火盆。
　　食火吞刀為第一，鐵頭鐵面鐵髮鬚。
　　鐵耳鐵鼻鐵眼唇，鐵嘴鐵舌鐵咽喉。
　　鐵腸鐵肚鐵心肝，鐵皮鐵骨鐵腳手。
　　火裡收魂鬼神精，吾管陰陽慈善事。
　　大聲大笑山崩倒，小聲小笑水送行。
　　若有邪魔侵相犯，押到豐都受罪名。
　　含血噴天洗港口，迎風點火就煆身。
　　男人作歹男人死，女人作歹女人亡。
　　弟子爐前焚香請，鐵公將軍到龍壇。
　　神兵火急如律令。

鐵公聖者咒（二）

拜請鐵公鐵將軍，英雄猛勇動乾坤。

太上老君親敕令，壇前作法鬧紛紛。

三界祖師行罡法，殿前行罡發火盆。

吃火吞刀為第一，鐵頭鐵面鐵眼唇。

鐵皮鐵骨鐵手足，火中收魔鬼神驚。

鐵口鐵腸鐵心肝，吞刀吐劍斬妖精。

大喝一聲山壁裂，小喝一聲送水行。

吾管陰府善惡事，管領人間不正神。

含火噴天先開口，入風點火自燒身。

男人作法男人死，女人作法女人亡。

真身顯現威感應，焚香拜請到壇前。

弟子一心專拜請，鐵公將軍降臨來。

神兵火急如律令。

雪山咒（一）

僅請大聖展神通，雪山聖者來扶童。

雪山聖者雪山開，雪山和尚降雪來。

夏日炎炎天落水，六月大暑天降雪。

手持金盆來捧雪，捧出雙雪白茫茫。

一陣狂風一陣雨，一陣風雨一陣霜。

作法之時不怕火，變化火裡去威來。

吾在壇前來挪火，挪火之時冷如霜。

弟子一心專拜請，雪山聖者速降臨。

神兵急集如律令。

雪山咒（二）

奉請大聖展神通，雪山聖者來扶童。
雪山聖者雪門開，雪山和尚兩邊排。
雪山聖者來降雪，雪山聖者降雪來。
夏日炎炎天降雪，六月大暑天降霜。
一陣狂風一陣雨，一陣風雨一陣霜。
手執金盆來降雪，盡是霜雪白茫茫。
作法之時不怕火，變法火裡去藏身。
吾在壇前來勅火，勅火之時冷如冰。
勅火之時冷如霜，勅火之時火藏亡。
弟子一心專拜請，雪山聖者降臨來。
神兵急集如律令。

水德星君咒

謹請北方壬癸水，押到南方火生童。
火公原來是姓張，火母原來是姓楊。
降卜火情冷如霜，降卜火庫冷如雪。
扶隨弟子保安童，焚香召請到壇前。
弟子一心專拜請，水德星君降臨來。
神兵火急如律令。

唐王真君咒

　　謹請周朝唐真君，驅邪斬鬼五病瘟。
　　手持伏魔七星劍，穿山入洞滅妖精。
　　入有邪魔深吾境，親身下降救眾生。
　　身受玉皇上帝勅，勅賜真君上天庭。
　　千兵萬將來接引，接引真君鎮天門，
　　弟子一心專拜請，唐王真君到壇前。
　　神兵火急如律令。

葛真君咒

　　謹請唐朝葛真君，爭天達地出幽冥。
　　盡忠報國救太子，除奸斬將出重圍。
　　義武山中化真君，當初發願救眾生。
　　斬妖治邪為吾願，輪刀舞劍展威靈。
　　身受玉皇上帝勅，勅賜真君鎮地府。
　　弟子一心專拜請，葛氏真君到壇前。
　　神兵火急如律令。

周氏真君咒

　　謹請義武周真君，驅邪治鬼滅妖精。
　　忽然老君相遇見，傳授法力救萬民。
　　上山用法驅猛虎，落水寶劍斬蛟龍。
　　永在人間救諸苦，穿山入洞為吾行。
　　身受玉皇上帝勅，勅賜真君鎮水府。

弟子一心專拜請，周氏真君到壇前。

神兵火急如律令。

「過火符」是一個統稱，並無一定規格，它可是法師所畫，或神明降駕所畫，亦可只是一張金紙，主要是在要過火之前，由法師放入火堆之中燒化，從宗教意義來說，「過火符」可聖化火場或制火，讓「過火」儀式能平安進行，從科學面來說，法師可從「過火符」放到火堆所燃燒的時間，用經驗來判斷火炭的溫度與過火時機。

過火儀式除了過青（生）火，不在柴火上撒東西外，一般過火是會撒「淨香末」與「鹽」的。往柴火中撒「淨香末」，除了加快柴火燃燒速度，當要過火時於柴火上撒上厚厚的一層

■ 於火堆上撒下大量的鹽，可降低溫度增加過火的安全性。

「淨香末」，也可增加過火的安全性。而撒鹽在宗教意涵中「鹽」有潔淨之效，而從科學角度而言，鹽可吸收熱量降低溫度，而在火堆上撒下大量的鹽，亦可在過火時減少腳底與火炭的接觸，增加安全性。

二、造橋過限科儀

　　「造橋過限」是臺南常見的民俗儀式，舉凡神明聖誕、大型醮典、過年等期間，不管大廟小廟都常見，尤其過年新春期間，「過七星平安橋」的「過春限」更是許多廟宇的重要收入來源。由於「造橋過限」除了橋下會設七星燈（火）或七星爐外，亦常會於橋頭、橋尾，搭配著過「爐火」或「油鼎火」，故筆者

■ 福建古田臨水，臨水夫人祖廟臨水宮前的「百花橋」。

亦將「造橋過限過七星平安橋」歸類於過火儀式中來論述。

　　常見的「造橋過限」儀式中所造的七星平安橋，是由閭山法派的「百花橋」演變而來。法咒云：「百花橋上度男女，龍角吹來臨水宮」，百花橋是臨水夫人陳靖姑法壇前的一座橋，相傳橋旁橋下都種有許多的紅花與白花，故名之。這些紅花與白花，每朵花都代表了一個嬰兒，紅花代表女孩，白花代表男孩，由花公、花婆看護著，在今的古田臨水臨水宮（臨水夫人祖廟）廟前的溪上，便有一座實際的橋就叫「百花橋」，而在閩東地區許多臨水夫人廟裡面，也會利用造景於正殿前做個小水池，池上也造一座百花橋。在民間信仰裡，人們相信所有的人都來自百花橋花園裡的紅花、白花，這些花也代表人的元辰，在「造橋過限」儀式中，於百花橋下設七星燈火，即有照耀本命元辰之意。

　　在「造橋過限」儀式中，七星平安橋是主要的一個架構，所以七星平安橋搭設完成後，須由儀式執行者（乩童、手轎、法師、道士……），來進行「造橋」科儀，使七星平安橋成為一座神聖具備法力的橋。

　　由於儀式執行者的不同，造橋過限科儀亦有所不同，主要可分成「清壇請神」、「淨橋」、「召營鎮橋（安橋）」、「開路」、「解厄」、「撤橋」等。當「七星平安橋」造橋安橋完成，儀式執行者會先開橋走過七星平安橋，接著才會讓信眾來過限橋。

　　以閭山派紅頭法師為例，會先進行請神，接著進行造橋科儀，由於一般七星平安橋都非真正的橋，所以法師會透過造橋法咒來將虛擬的橋，幻化成具有法力能消災解厄的「七星平安

橋」。擷抄部份造橋法咒如下：

「龍角吹來第一聲，聲聲龍角點東營，點起東營九千軍，
軍馬九千九萬人，人人從東去搬運，東方甲乙木，隨吾魯班
先師來造橋…………弟子法場中，現時過關度限解厄保平安。
再吹龍角連連聲，神請閭山門下來，神請閭神雲馬，勅請皇母
壇前造金橋，陽間造橋千萬工，陰府造橋用道士，陽間造橋
用石板，陰府造橋用布牽，男女老幼橋上過，過關度限保平
安…………亦有銅錢造橋柱，亦有真珠白米做軍糧，亦有金銀
做橋板，亦有七盞名燈造橋腳，亦有八四金鎖牽，亦有只腹
銀鎖牽，金鎖銀鎖牽欄杆，任你大風吹不倒，任你大水流不
去…………人來須得過平安，鬼到要過盡滅亡，造橋將軍隨以
畢，過橋過限保平安。」

當法師造橋完畢，要過七星平安橋的信眾，手中皆會持有
自己性別的替身，或本命生肖的替身（生肖符），來進行過七
星平安橋。性別替身分男、女兩種，而本命生肖則分12生肖，
每生肖各一種，從材質種類來分，替身可分為簡單的紙人替身

■ 男、女性別替身。

■ 本命生肖替身。

與草人替身，紙人替身是草人替身的簡易替代品，通常是由紙印刷成男、女或12生肖的人形圖；而草人替身則又有分是由36枝稻草、72枝稻草、108枝稻草來製作，三數除分別符合36天罡、72地煞與兩數總合的108外，更代表了身體36骨節、72骨節、108骨節之意，目前過七星平安橋常見的草人替身，大都是屬由36枝稻草製作成的小形替身，替身雖為草人，但在頭臉部位，還是會貼上由紙印刷成的男、女或12生肖頭臉。

在信眾過橋方式上，則可分成依生肖方式與不分生肖方式了兩種；依生肖方式過橋解厄大都是在神明聖誕，特定的一個時段來進行，這樣信徒才能分生肖來過橋解厄，而這種方式，儀式執行者往往會依生肖分類，引導同一生肖的人來過七星平安橋，而儀式執行者依不同的生肖，所唸的咒語又是不同，例如肖牛者咒語是「壇前告再請、再來請、請囉請。請兒孫，兒孫排來屬在丑、丑年、丑月、丑日、丑時生。丑生排來人相牛，牛是牛、牛春秋、牛春遊，一年四季田園遊，十二生肖排來牛辛苦、牛身憂，拖犁拖鈀無時休，栽種五穀主人收，論到當初吾為王，手持芭蕉扇，扇起火炎光，今日領兵來過關、來度限，過了關、度了限，過了相牛誼子保平安。」。

上述肖牛者咒語，也有分成法師與後場對答的方式，例如肖牛者「第二生宮排來人肖牛，牛是牛春秋、牛春遊，一年四季田中遊，問：我問你，十二生宮排來是什麼最受苦？答：就牛最受苦。問：牛怎樣受苦？答：一年四季田中遊，耕作五穀弟子人去收。丑年、丑月、丑日、丑時，原來生肖，人肖牛，牛頭限、牛尾限，牛頭將軍來過限，過了關、過了限，過了運

限庇佑弟子男女老幼都平安。」。

■ 信眾手持替身過橋解限。

不分生肖方式的過七平安橋，通常是安橋後即讓信眾自行排隊過橋，不分生肖別，過年期間各大廟宇的過橋解限大都屬這方式。這種不分生肖的方式，還有一種就是一定時間內，所有要過橋解限的信眾，全部跟著儀式執行者，來進行過七星平安橋，有一共過12次橋的，每過1次儀式執行者就唸1次不同生肖的咒語，而最常見是一共過3次橋，每過1次念4個生肖的咒語，無論你肖何生肖，全部的人都算有過關限。

■ 信眾過完橋都要把「替身」交給法師進行祭解，解去厄運。

再舉一適合不分生肖別，過七平安橋方式，較簡單易記的12宮生肖咒：「一宮排來算是子，子年人肖鼠，鼠頭將軍來過關，鼠尾將軍來過限，年中煞、月中關，日中煞、時中關，改過三十六關，七十二限，過關度限保平安。」接著再對應地

臺南過火儀式

支生肖，把第幾宮與那個地支，肖何生生肖代入咒中，其它文字不變即可，如：「二宮排來算是丑，丑年人肖牛，牛頭將軍來過關，牛尾將軍來過限，年中煞、月中關，日中煞、時中關，改過三十六關，七十二限，過關度限保平安。」

最後不管是上述何種方式的過橋解限，信眾過完橋都要把「替身」交給儀式執行者，讓他來為信眾祭解，解去信眾所犯之沖煞，然後信眾再朝替身「哈」口氣，將所有不順與災厄過給替身來承受。

三、過油鼎火科儀

「油鼎火」在民間信仰儀式中，使用的相當普遍也相當廣，舉凡潔淨、逐穢、除煞等等皆可使用，「油鼎火」之所以會被普遍的使用，應該與其進行的儀式簡短有關。

以安平周龍殿小法團送神為例，其煮油鼎火科儀，首先會

■ 安平周龍殿於送神日進行煮油科儀。

■ 起油鼎火完成，會
先將廟裡廟外做潔
淨。

將油鼎放置於烘爐上加熱，[11] 並於油鼎內置入符令，所置入符令
有「淨符」、「中壇元帥符」、「押煞符」、「素車白馬大將軍符」
等等，再以金紙製成的油心壓放在符令上方，最後再倒油入油
鼎內加熱。當所有準備工作完成，小法團即於儀桌兩旁「站班」
排列好，隨後「法師頭」會焚香向廟內諸神稟報進行的儀式內
容，並於廟口前持法索「開鞭」三響，開鞭第一響「法師頭」
會喊出「一打官將急如風」，開鞭第二響「法司頭」喊出「二打
官將列兩旁」，開鞭第三響時「法師頭」會喊出「三打36員官
將速到壇前，（儀式目的或名稱），不得久停，急急如律令。」，
本文以送神時的「淨油」科儀為例，故開第三鞭時，「法師頭」
會喊出「三打36員官將速到壇前，恭送周龍殿佟府千歲及列位
神尊聖駕回鑾落壇，不得久停，急急如律令。」。

---

11 早期「起油鼎火」儀式都是將油鼎放置於烘爐上加熱，現在為節省時間，有時會
　　把油鼎放置於小型瓦斯爐上加熱。

法師頭「開鞭」完成，小法團隨即念起請神咒，進行落壇請神科儀。當落壇請神科儀完成，「法師頭」持法索同樣來到廟口前，再度進行「開鞭」的動作，此次「開鞭」三響所喊的的句子依序分別是「一打官將急如風」、「二打官將列兩旁」、「三打36員官將速到壇前，淨油落壇，不得久停，急急如律令。」，此次「開鞭」才開始進入「淨油」（過油鼎火）的儀式，所念唱請神法咒依序是：

《謹請合壇諸猛將》

謹請合壇諸猛將，衛國金剛龍樹王，北極鎮天真武大將軍，瑜珈五步三界輪，金玉銀枝哪吒大菩薩，奉請關王元帥大將軍，都天殺鬼虎珈羅，八萬四千大金剛，無千無萬諸猛將，六丁六甲到壇前，祝門弟子焚香請 普庵祖師合壇官將降臨來，神兵火急如律令。

《謹請三十三天都元帥》

謹請三十三天都元帥，統領天兵下瑤臺，金鎗一轉天門開，琇毬獻出五方來海，頭頂日月耀乾坤，腳踏七星毫光大，扶助三壇真自在，主掌法界奇英才，龍王殿前威猛烈，飛沙走石洞中開，收斬江海蛟龍滅，治病救苦速消災，三歲郎君朝北斗，八百萬天兵四邊排，弟子一心專拜請，哪吒元帥降臨來，神兵火急如律令。

《謹請護教大將軍》

謹請護教大將軍,手執寶劍斬妖精,收斬兇神併惡煞,扶危治病保瘟癀,天尊勒下斬邪穢,天上差來鎮廟門,若有邪魔為聖者,寶劍寸斬不留停,合衛天兵為群生,迎祥集神鬼災殃,弟子一心專拜請,護教大將軍降臨來,神兵火急如律令。

當請神法咒念畢,法師頭晃將油心點燃,並手打手印噴酒於油鼎中讓火燄竄起,接著再以法索開三鞭完成「起油鼎火」。

起油鼎火完成,會先將廟裡廟外做潔淨,接著在「廟燈」與「黑令旗」引領下,小法團成員抬起油鼎,於鑼鼓聲中開始到戶民家門口或大廳進行「淨宅」,當境內戶民都完成「淨宅」後再回到廟口,讓信眾過油鼎火潔淨身心、逐穢消災,最後再由法師頭手打手印,與2至3名的小法團成員,同時噴酒於油鼎中讓火燄熄滅完成「收油」動作。

■ 周龍殿於安平老街店家門口進行淨宅儀式。

第四節　過火原理與燙傷處理

　　2017年9月23日《中央社－台北市宮廟過火儀式14人雙腳遭灼傷》載:「台北市警消今天獲報,台北市南港區舊莊街二段巷弄內有多人遭燒燙傷,派大批人車到場後發現,有宮廟進行過火儀式時,疑火源過大,不慎造成14名民眾雙腳遭灼傷,其中5人送醫。」。[12]

　　過火一直存在著一定的危險性,尤其是在踏火形態的過火,不管是踏「生(青)火」亦或是踏「熟火」都一樣。那麼赤腳踏火是否能避免腳底燙傷呢?從科學的原理來看,陸冠輝在〈臺灣的節慶與化學:廟宇的過火儀式〉一文,提到了過火儀式可行的因素:「1.水是具有高比熱($1 \text{ cal/g}\check{z}°C$ 或 $4.184 \text{ J/g}\check{z}K$)的物質,而木炭的比熱是很低的,因此腳底(含有水)的溫度變化會比木炭來得小很多。2.水也是一種高熱傳導性的物質,與上一點結合說明,腳部的大量血液會帶走熱量並且傳遞散開來。從另一方面來說,木炭是低熱傳導性的物質,因此腳底部的皮膚只會接收到來自木炭的很少熱量。3.當炭火被降溫時,它的溫度就會低於閃火點(flash point),因此就會停止燃燒,也就不再有熱量產生了。4.過火時人們是不斷地在行走,並沒有在炭火上停留太長的時間。」,[13]也就是在符合上面4項因

12　2018年9月15日,檢索取自 https://tw.news.yahoo.com/台北市宮廟過火儀式-14人雙腳遭灼傷-095210096.html

13　陸冠輝,〈臺灣的節慶與化學:廟宇的過火儀式〉,臺灣化學教育網站,2018年9月15日,檢索取自 http://chemed.chemistry.org.tw/?p=2102

■ 過火一直存在著
危險性，尤其是
在踏火形態。

素時，赤腳踏火是可行的，是
安全的。

　　同樣的〈臺灣的節慶與
化學：廟宇的過火儀式〉文
中也提到，赤足踏火不被燙
傷有著「萊頓弗羅斯特效應」
（Leidenfrost effect）原理，也就
是「燒得紅通通的炭火溫度（大
約有六、七百度）遠遠超過水
的沸點，過火者的腳底先保持
潮濕，再快速地跑過炭火時，

■ 要參與過火的人員以符水淨腳。

汽化的水會在腳底形成保護膜，使得熱量不容易傳到過火者的
腳部，這樣就不會被燙傷了。」[14]所以在過火田野現場，也可

14　陸冠輝，〈臺灣的節慶與化學：廟宇的過火儀式〉，臺灣化學教育網站。

看到要參與過火的人員會先去用水沖腳，或有的是神明會派下符令，指示將其燒化於裝滿水的水桶中，來讓要參與過火的人員淨腳，以減少過火時的傷害，這都有著科學的理論支持。

除踏火前以水把腳弄濕外，在踏火形態的過火儀式中，也可發現要踏火前，儀式執行者都會引領要過火的人員，赤腳繞著火堆旁行走，或是踏火的火門處鋪上沙土，除了宗教圈繞結界的意函外，其目的都是讓過火者腳底多沾點沙土，以減少燙傷的可能性，有的地方也會在踏過火後的那端鋪上沙土，讓踏火者離開火堆後，馬上可以藉著沙土來降溫，或著清除掉沾粘在腳底的炭火屑。

雖然民間信仰中一直存在著，認為過火會被燙傷，是因為身體不乾淨或不守禁忌的關係，但從田野調查中，也遇見出現多人燙傷的例子，這顯然的不是所有人都身體不乾淨或不遵守過火禁忌這原因。踏火時會被燙傷，除了民俗認知中的不守相關禁忌外，還有踏「生（青）火」時炭火溫度過高，這一點顯然是儀式執行者的經驗不足，誤判所造成。在踏「熟火」的儀式中，雖然柴炭上會鋪著厚厚的鹽或香末，減少過火者的腳底與炭火接觸的機會，但再多的鹽或香末覆蓋，也難免有沒覆蓋到的部份，再加上前面過火者在過火時，不小心把覆蓋的鹽或香末踢開，也會造成後面過火者被燙傷的原因。

另外在踏火儀式中最嚴重的燙傷，就是踏火者在火堆上跌倒，這往往會造成身上多處嚴重的燙傷；會產生踏火者跌倒的原因，除了踏火者本身害怕、緊張還有失足所造成外，在抬著神轎踏火的過程中，抬轎者中如有一人被燙傷或失足，往往也

會造成其他抬轎者燙傷或跌倒。還有另一種常見抬著神轎踏火被燙傷的原因，那就是前面的抬轎者一踏過火堆，就減緩了速度，忘了後方的抬轎者正踏在柴火上，造成後方的抬轎者因停留在柴火上太久而遭到燙傷，甚至於跌倒燙傷。

踏火形態的過火儀式，拋開信仰神蹟論，從科學的論點來說，在諸多的因素控制得當的話，它是可安全來執行，過火儀式事故傷害的發生，往往是過火的環境條件未能做好控制，或是過火人員心裡害怕造成場面失控所致，換句話說也就是經驗不足與人為疏失所造成，而當燙傷事故發生時，適時的馬上做醫療處置是有必要的。

過火燙傷的處理，最常見的就是先用冷水沖泡腳底或燙傷處，在冷水沖泡後，有的會自行擦上治療燙傷藥膏，或自行就醫，而嚴重者往往都直接請救護車前來送往醫院。過火燙傷除了常見的擦藥與就醫外，在田野調查中，也看見到了有由乩童行法、畫符來處理燙傷的例子。

■ 柴炭上鋪上厚厚的鹽或香末，可減少腳底燙傷。

■ 乩童為踏火燙傷者加持，祈盼能減輕疼痛。

臺南過火儀式

第四章

從文獻與田調看臺灣各地的過火儀式

▍第一節　文獻上的過火儀式記載

「過火」是人類宗教信仰中常見的儀式，無論海內外在古老的宗教儀式中都可見，這是人類對於火從畏懼到崇拜所產生的儀式，人們相信火代表著光明、神聖，有著驅逐黑暗、邪穢的力量，透過過火儀式，可除去人們身上的一切災厄與疾病。

過火儀式雖在臺灣民間信仰常見，唯其往往是整個大型祭典活動中的一個小節目，本章節就從古志文獻中，尋找出數篇過火的記載，來看看早期臺灣的過火儀式。

《澎湖廳志》載「又有法師與乩童相結，欲神附乩，必請法師催咒。每賽神建醮，則乩童披髮仗劍，跳躍而出，血流被面。或豎長梯，橫排刀劍，法師猱而上，乩童隨之．鄉人有膽力者，亦

■ 法師是臺南過火儀式中常見的儀式執行者。

隨而上下。或堆柴爇火熾甚，躍而過之，婦女皆膜拜致敬焉。」[1]

《安平縣雜記》載「法官者，自謂能召神遣將，為人驅邪治病，作一切禳解諸法（其派有紅頭師、青頭師之分，其弟子均名曰「法仔」）。神佛出境、淨油及踏火必用之，以請神焉（鋪柴炭於廟前曠地，熾火極盛，執旗幟、鑼少及扛神轎者，一一從炭上行過三次，名曰『踏火』)。」[2]

上述兩篇「過火」的文獻記載，皆提到了儀式的執行者是法師（官），這與目前臺南地區過火儀式，仍然大部份由法師來當任儀式執行者相同，而往往許多過火儀也確實是法師與乩童相結合來進行的。

1　林豪，《澎湖廳志》，頁327。
2　不著撰人，《安平縣雜記》，頁23。

■ 昔日安平迎媽祖也有踏火，今則此俗不再。

　　另《安平縣雜記》的風俗現況中亦有文載：「三月二十日，安平迎媽祖。是日，媽祖到鹿耳門廟進香，回時莊民多備北管鼓樂詩意故事迎入繞境，喧鬧一天。是夜，禳醮踏火，演戲鬧熱，以祈海道平安之意。一年一次，郡民往觀者幾萬。男婦老少或乘舟、或坐車、或騎馬、或坐轎或步行，樂遊不絕也。」[3]

　　「鹿耳門媽祖廟」毀於同治年間大水，清末日治初期實無往鹿耳門廟進香可能，《安平縣雜記》會有這樣的記載，是因當初安平迎媽祖，將舉行遙祭湄洲祖廟的地點「香山」設在北汕尾，所以才造成「媽祖到鹿耳門廟進香」這樣的誤解，從文中可知，當初安平迎媽祖在媽祖回鑾時會有「禳醮踏火」，但今日「踏火」儀式在安平已不可見。

<hr>

3　不著撰人，《安平縣雜記》，頁14。

日治時期，鈴木清一郎在《臺灣舊慣冠婚葬祭與年中行事》書中，對於過火儀式有著詳細生動的記載：「過火就是從火上走過，也就是在燃燒中的炭火上，一邊念咒，一邊赤腳從火上走過。多半在寺廟的祭典時行之，方法有大小之分，概括的情形如下。當做「過火」法術時，先在面前擺一張桌子，中央擺印、左擺劍、右擺敕令旗，並供上鮮花素果，道士在廟內禱告，乩童在桌前禱告，接著就舉行過火儀式。接著道士先向火禱告，其次由乩童禱告，在這之前，廟的前埕木炭堆積如山，並

■ 在燃燒中的炭火上赤足踏火而過。

■ 轎夫的腿部陷入炭火中，迅速的穿過火堆。

點火燃燒。一方面抬來『輦轎』數頂，在轎的後部插三面令旗，由兩個人扛著，另有人跟在後面打鑼，在火堆旁繞行幾擺圈，邊行、邊跳、邊舞，如果有人跳到奄奄一息的朦朧狀態而倒地時，就由其他人來代替扛。如此換過幾人之後，燃燒的木炭也會經過幾次變化，或燒成一個大火斗，或擴散為一片火燄。這時道士慢慢從裡面走出來，把十多斤鹽分幾次撒在火上，並且讓幾頂輦較遶行寺廟幾次。不久，就在道士的一個信號下，以廟側的黑色旗為先鋒，幾十頂輦轎排成一大行列，並且從距火堆幾十尺的地方，以打衝鋒的精神衝進火堆。此刻鐘鼓齊鳴，輦轎夫的腿部，已經都陷入炭火中，有的甚深達膝蓋，在火堆中亂蹦亂跳穿過。最後載著主神的輦轎，也衝進火堆，並且很迅速的穿過火堆，隨同其他輦轎繞行寺廟一週，在回到寺廟內奉神像復位，如此過火儀式才算完了。」。[4]

在日治時期的《漢文臺灣日日新報》中，也有許多「過火」的報導記載，能讓我們瞭解到日治時期，臺灣各地的過火儀式狀況。

1899年8月15日《漢文臺灣日日新報－以術惑眾》：「近日梧棲附近魚寮庄，某王爺生日，乩童派是夜為過火之舉，至期炭堆滿地，火燄燭天，法師口念咒語，引乩童從火中一踏而過，四面環觀者人山人海，眾口一詞嘖嘖稱羨，謂非王爺之靈感不能如此，而不知其中實有法焉，其法維何非擄不可，蓋鹽能制

4　鈴木清一郎，《臺灣舊慣冠婚葬祭與年中行事》（臺北：臺灣日日新報社，1934），頁80。

火，當天未過以前，法師必先用鹽散擲炭中，俟火色稍墨，火勢稍軟，然後踏而過之，殊甚易易，愚者不察此理多為所惑，洵堪浩歎。」。

此篇報導中的「梧栖」應該指的是臺中「梧棲」，舉行過火的原因是王爺聖誕，文中標題為「以術惑眾」，文中認為觀看過火之民眾，以為乩童能從火炭赤足而過，是王爺靈感神威所致，但該文作者卻以科學角度來解釋此現象，認為過火前的「撒鹽」動作，是「鹽能制火」，鹽能降低火炭溫度，讓乩童趁「火勢稍軟」之時踏火而過，踏火不過是一種惑眾之術。

1900年2月22日《漢文臺灣日日新報－舁神踏火》：「臺人好媚神，曩過神誕或神繞境歸廟，庄中人則鳩金購買木炭數十担，堆積寬廣之地舉火燒之，扇令通紅，爰請法師念咒，擲鹽米、開火路，然後法師乩童蹈火先過，舁神者次之，最後則壯

■ 廟方買木炭數十担，堆積寬廣之地舉火燒之。

者少年者，相繼向炭堆疾趨而過，名曰『過火』，是殆有神存乎其間乎？不然何以履火如夷，而能無疢耶。」。

這篇報導文章明顯指出，過火大都是在神明聖誕或繞境入廟前，也對儀式過程有詳細的描寫，今日臺南的過火儀式，也大概如同此模式一樣，在神明聖誕或繞境入廟前舉行過火，而儀式也大都是法師先念咒，擲鹽米、開火路後，再由法師、乩童踏火先過，隨後才是神轎與信眾。

1910年10月2日《漢文臺灣日日新報－昇神踏火》：「蘭城北門口街慶和廟，奉祀輔順將軍，昨循年例以八人共昇神座過火，忽前面四人踏倒炭堆，旁人急為扶起，四人足腿已腐爛，幸神像不致化火而去。」。

宜蘭是臺灣時常舉行過火的地方之一，過火儀式本身就有危險性，尤其由八人共抬神轎來踏火，如果默契不夠，亦或者當中有人被燙到，往往會容易產生跌倒的狀況，即使現今的過火，燙傷之事也是常常可見。

1899年10月27日《漢文臺灣日日新報－神像過火》：「和

■ 宜蘭是臺灣時常舉行過火的地方之一。
（宜蘭圓山普照寺過火／邱彥貴提供）

■ 過火儀式本身就有危險性，燙傷之事亦常見。

尚州等庄，恭迎佛祖各庄遊境，其馨香載道以登前報矣。聞繞境後一日，再將神像過火，以清潔佛身，念自世道遷移，而後此方久以不行，而該庄黎庶可為勿忘古道矣。」。

1907年06月25《漢文臺灣日日新報－霞海城隍繞境概況》：「舊曆五月十三日，大稻埕依例迓霞海城隍繞境。因前此一連三日，皆陰雨不晴，多竊慮之，至是日忽天氣清朗，與會者益眾，人愈信為神助，及自大龍峒取齊出發，沿道觀者如堵，擁擠不開，統計藝棚有十六七座，其裝飾最佳者，則洋行幫也，餘亦楚楚可人，他如雜劇樂隊，更覺層出不窮無奇不有，令人眼為之花，自午后一時始，即徧歷各大小街，其告畢也，已五下多鐘矣，其熱鬧不亦可想乎，又越日午后，神輿尚須過火，來從者亦頗不少，鏡有如荼如火之盛云。」。

1908年1月1日《漢文臺灣日日新報－驅神》：「臺俗每遇神誕，輒行賽會，爭奇鬥巧，揮金如土，除肩神輿繞境而外，又爇薪炭於地，淡紅爍爍，肩神輿而奔過之，義蓋欲拔除不祥也，曩日艋舺將軍廟，逢神誕，踵行故事而為踏火，方神輿啟

■ 民俗認為過火，一為闔境康寧，二則
消除身體污穢，無病息災。

■ 抬神轎過火稜（龍）。

行之祭，東衝西突，肩者汗出淋漓，似不能勝者，忽為警官所覬，喊聲曰：『爾、爾，馬鹿耶，奔躍何為』，諸人膽驚色變，僵立如屍，而神輿亦寂然不動，觀者大嘩。中有滑稽者曰：『警察者督府之吏，總督者奉天子命，臨斯土、治此民，總督之命天子之命也，警官之命又總督之命也，正直為神，焉敢違天子之命哉，無怪其帖伏不動也。』，聽者解頤。」。

1908年5月29日《漢文臺灣日日新報－舁神踏火》：「西保外較場慈濟宮，奉五府千歲許多歷年，境眾為本月念五日，係其誕辰，七境之民，乘此機會，個備出木炭，大小數百担，創積如山，以火燒之，光燄遍地，而後舁神座踏過，一可晏境內，一得以免身體災侵，此亦為不可憑之舊習耳。」。

1930年4月17日《漢文臺灣日日新報－帝君過火》：「北港郡元長庄，元長鰲峰宮保生大帝，於例年元宵有過火之例，嗣因本年元宵，春雨淋漓終止。去年十三日乃帝君誕生，庄民奉請帝君出廟，以各音樂團前導，赴合和二房寮、三房寮、山子內、蔥子寮等方面繞境，六時入廟，是夜十一時頃，置千餘斤

■ 元長鰲峰宮繞境熱鬧依舊，但過火儀式已不復在。（李凱祥提供）

燃燒火炭於廟前，先有金勅順開路鼓、元樂社、長樂社弟子班，諸同人次舁神輿，相繼過火，連續三回，其中二人滑倒，然均無恙。」。

　　上述六篇《漢文臺灣日日新報》的「過火」報導，涵蓋了新北和尚洲、臺北大稻埕、艋舺、雲林元長、嘉義等地，內容都提到了「過火」儀式大都是在神明誕辰或繞境結束後來進行，這與目前臺南地區廟宇，普遍舉行「過火」的時間點是相同的。而舉行過火的功能與目的，1899年10月27日《漢文臺灣日日新報－神像過火》一文，認為「再將神像過火，以清潔佛身」；1908年1月1日《漢文臺灣日日新報－驅神》一文，認為「義盖欲拔除不詳也」；1908年5月29日的《漢文臺灣日日新報－舁神踏火》一文，認為「一可晏境內，一得以免身體災侵」。

　　1907年06月25《漢文臺灣日日新報－霞海城隍繞境概況》，文中說到「此一連三日，皆陰雨不晴，多竊慮之」，民眾對於連日下雨，是否能順利舉行過火多有疑慮；而1930年4月17日《漢文臺灣日日新報－帝君過火》一文，則載「嗣因本年元宵，春雨淋漓終止」，1930年的元長鰲峰宮元宵過火，因連日的春雨使的儀式被迫停止舉行，這種從前因下雨而不能舉行過火的情況，在現今的臺南部份地區，可發現會改以過七星爐、金紙火、油鼎火等，較不受下雨引影響的方式來替代，足見過爐火、金紙火、油鼎火等方式，與赤足踏火的過火方式，有相同的功能和宗教意義。

　　在近代的論文與書籍中，關於過火的研究與記載雖不多，

■ 宜蘭縣壯圍永鎮廟的王公過火。（邱彥貴提供）

但亦可從中看到當代臺灣過火儀式的現況。例如：游謙〈神聖的試煉：永鎮廟的王公過火〉，[5] 文中對於宜蘭壯圍永鎮廟的開漳聖王信仰與過火儀式，有詳盡的描述。黃文博的《趣談民俗事》[6] 一書，不但將臺南的過火儀式形態，分為「過爐火」、「過火城」、「過柴火」、「過金火」、「過炭火」等五種，也對於幾乎消失，難得一見的「過火城」有完整的紀錄。林坤和的《二結王公廟的過火儀式研究》，[7] 是其佛光大學宗教學系碩士論文，雖是以二結王公廟的過火儀式研究為主，但內容對於相關文獻

5　游謙，〈神聖的試煉：永鎮廟的王公過火〉，《儀式、廟會與社區：道教、民間信仰與民間文化論文集》（中央研究院中國文哲研究所，1996），頁359－374。

6　黃文博，《趣談民俗事》（臺北：臺原出版社，1998）。

7　林坤和，《二結王公廟的過火研究》（佛光大學宗教學係碩士論文，2008）。

與過火儀式都有深入的論述與探討。林承緯〈火的民俗信仰及宗教祭典：以澎湖、北台灣的法教過火為探討中心〉，[8]將臺灣民間以火燄為中心的儀式，分為過火、踏火、出火、入火、踢火、刈火、請火等，並以澎湖廟宇入火儀式中的過火，來和臺北保安宮、二結王公廟的過火做為比較，也從法教儀式內容來與新北市淡水沙崙保安廟過火做比較。

在臺灣現已少見的「過火城」，除了在黃文博的《趣談民俗事》一書有提到過火城外，臺南市中營慶福宮的沿革志中，也有提到昔日中營慶福宮「過火城」的過程：「慶福宮年中主要祭典，首為每年農曆九月九日千秋日前，舉行過火儀式以除瘟疫，五六十年代前過火儀式皆在廟前舉辦，六十年代後則移至五福穴地；儀式前，必須準備四到五萬斤柴鋪成高十餘公尺，直徑二十餘公尺的圓型巨塔，於塔的四個方位設置東西南北四門，將淨香束材分別置放四門，點燃淨香後儀式開始，由法師作法凝聚中壇元帥的神力，神力一聚，高塔即刻自燃，火燄高漲，色澤略帶青綠，俗稱『青火』，正當青火旺盛之時，以太子爺公神乩為先鋒，穿越東西南北門，其後法師、友廟神乩、兩人手轎魚貫穿越。待木柴燃燒成炙紅火炭再移平，此稱俗『熟火』，再由友宮神轎、神明金身和信眾走過熟火，步步驚險，場面壯觀，凡過熟火者，皆安然無恙，可見神威顯赫，令人嘖嘖稱奇！」。[9]

8　林承緯，〈火的民俗信仰及宗教祭典：以澎湖、北台灣的法教過火為探討中心〉，《澎湖研究第11屆學術研討會論文輯》，頁148－182。

9　李世寶，《中營慶福宮沿革志》（慶福宮管理委員會，2016），頁11。

臺南過火儀式

從文中可發現，中營慶福宮昔日的「過火」儀式分為兩階段，先是由乩童、法師、手轎先過火城，待木柴燃燒成火炭後再移平，再由神轎、神明金身和信眾來赤足踏火。而文中對於「青火」與「熟火」的認知，則與現在一般所認之的，過火時沒撒鹽稱為「生（青）火」，有撒鹽稱為熟火略有不同。

■ 第二節　臺灣各地的過火儀式

1.高雄、澎湖地區廟宇的過火

高雄地區也算是臺灣舉行過火儀式，相當頻繁的所在，廟宇凡舉行進香儀式，在回鑾繞境結束入廟安座前，大都會舉行「踏柴火」儀式，其中以茄萣白砂崙的「踏青火」最有名，所謂「踏青火」就是將樹柴燃燒成細炭後，不撒鹽降溫直接赤腳踏火而過。

茄萣白砂崙為茄萣區最北的聚落，以萬福宮為聚落大廟，境內尚有數間廟宇與私人神壇，凡舉行迎神賽會，較為慎重其事的，皆會於入廟前舉行「踏青火」儀式。白砂崙舉行踏火的場地，是在「砂崙國小」的操場，每次舉行「踏青火」整個操場旁都會聚集看熱鬧的人潮。

而高雄路竹以南的永安、彌陀、梓官、岡山、燕巢⋯⋯等地區廟宇，在前往水邊、海邊或廟宇進行進香、招軍請火祭典，完成進香請火完成後，亦會進行熱鬧的繞境活動，繞境結束回廟安座前，則會由法師來進行過火的儀式，其大部分是屬赤足踏柴火的過火，但也有少部份因時間、空間等因素，是過七星

■ 高雄茄萣白砂崙，常舉行踏生火的過火儀式。（白砂崙五王壇踏火）

爐火的。

　　一間廟宇的新建或修建完成，對地方來說都是一項大事，為求地方上的安寧，在神明入火時都會舉行許多重要的儀式，當然也會包括過火儀式在內，以臺南市市區而言，入火時常見的是過七星爐火形態的過火，而以澎湖地區或澎湖法派傳承的廟宇來說，廟宇入火時所舉行的過火儀式，則是屬「踏柴火」形態的過火。

　　澎湖或臺灣本島澎湖法派傳承的廟宇，在廟宇整修或新建要進入火安座前，除了將廟宇內外打掃整理乾淨外，也會透過小法團進行「洗淨」科儀，來為廟宇空間做潔淨，科儀完成後，即封閉廟門，並於大門處貼上符令、封條等，不准邪穢與閒雜人等入廟內。在迎請神明入火安座前，會先進行過火儀式，在儀式完成後再迎請神尊入廟安座，其過火儀式，可分為「疊五

■ 高雄大社崇鳳宮入火安座，由澎湖小法進行過五營火科儀。

營柴堆」、「發火」、「巡火」、「開火」、「過火」等五個階段。

　　澎湖地區的過火是過五營火，也就是於廟埕上依東、西、南、北、中五個方位，各堆起木柴，並由小法團招來東、南、西、北、中五營兵將前來安鎮，也為柴堆進行「洗淨」科儀；待時間一到，會在小法團的法咒聲中，先燃起南方柴堆（概因南方屬火），然後再點燃其它四堆柴火，此步驟稱為「發火」或「引火」。

　　當柴火開始然燒時，「小法」會開始奔跑穿梭於五堆柴火之間，稱為「巡火」；待柴燒成小火炭時，由小法2人持大刀，在法咒聲中以大刀支撐身體，跳過中央火堆方式，到其它火堆以大刀鏟開火堆，最後2人再回到中央火堆，同時以大刀鏟開火堆，稱為「開火」。當開火完成，工作人員會在各堆火堆上撒上厚厚的鹽，此刻乩童會來到過火場，環繞巡視過火場後，

■ 高雄大社崇鳳宮入火安座乩童翻火。　　■ 高雄大社崇鳳宮入火安座乩童踢火。

從火堆上翻滾而過，或者赤足踢火而過，澎湖人稱為「翻火」
或「踢火」，當乩童過完五營火後，會來到廟門口配合小法，
由小法行「開廟門」之法，乩童再推開啟廟門進入廟內，隨後
工作人員也陸續迎請神尊踏過火堆，入廟恭請神尊安座大吉。

2.屏東地區的過火儀式

　　屏東地區一些廟宇，如同臺灣大部份舉行過火儀式廟宇一
樣，在舉行進香或繞境儀式於入廟安座前，會來舉行過火儀
式，除此之外，較特別的是屏東地區有些迎王祭典，會在請王

■ 楓港德龍宮
迎王祭典，
請王後舉行
過火儀式。

臺南過火儀式

儀式恭請代天巡狩蒞臨後，進行過火儀式，例如：東港東隆宮迎王祭典、小琉球三隆宮迎王祭典、楓港德龍宮迎王祭典……等。

　　以東港東隆宮迎王祭典為例，東港東隆宮主祀溫府千歲，據東隆宮網站簡介載：「康熙45年（1706），東港海岸『太監府』附近，即舊稱崙仔頂（今鎮海里）海灘上，一夜之間擱置大批自福建潮沖而來的木材，上書有『東港溫記』字樣。斯時溫王亦曾顯靈指示，欲在太監府舊址建廟，並諭示信眾依照木材的長短大小，揀選恰如其分的用途。溫王鎮台駐蹕已定，東港信徒乃恪遵神意，展開建廟事宜，並聘請名師雕刻溫王金身，擇吉安座。

　　光緒20年（1894），東港發生海嘯，濤天巨浪，淹沒太監府，東隆宮淪陷滾滾駭浪中，險象環生，當時，避難他處的莊民皆欲搶救王爺金身，士紳林合於是發動信眾，駕筏劈開廟殿後壁，及時搶救王爺神像，剎時之間，神廟坍塌瓦解，沖逝無遺。信徒見此異象，更堅定對溫王爺的信仰。歷經大變的東港亟待重建，溫王爺適時諭示，擇定「浮水蓮花」穴地新廟址，信眾集腋成裘，匯流成海，終於完成嶄新的東隆宮。」。[10]東隆宮於今址建廟後，1947年曾進行修建；1977年在全體信徒的共識下成立重建委員會，歷經7年的重建工程，於1984年竣工落成。

10　東港東隆宮網站，2018年5月15日，檢索取自 http://www.66.org.tw/index.php

東港迎王祭典自清康熙、乾隆年間即有之，[11]目前為每逢丑、辰、未、戌年3年舉行一次，並由文化部登錄為國家級重要民俗，祭典主要內容有「造王船」、「迎請中軍府」、「設置代天府」、「迎請代天巡狩（請水）」、「過火」、「迎王繞境」、「查夜」、「王船法會」、「祀王、敬王」、「遷船繞境」、「宴王大典」、「和瘟押煞」、「恭送代天巡狩」等。

　　東港東隆宮當正科代天巡狩於海邊登陸上岸後，即繞境巡視新街，在要入代天府（東隆宮）安座前，會於廟埕上舉行過火儀式。東港迎王的「過火」是過「五王火」，柴火共有5堆，依東、南、西、北、中五方排列，有潔淨五方之意，加上所請之代天巡狩王爺共有五位，故稱為「五王火」。「過火」儀式由道士團設壇進行科儀，儀式中道士一人，頭綁紅巾、身穿龍虎裙，手持七星劍、角鼓、五營旗等法器，配合後場鑼鼓樂與法咒，舞動法器進行調營，調請五營兵將強來安鎮過火場，待5

■ 東港迎王祭典自清領初期即有之，是臺灣著名的民俗活動。

■ 東港迎王祭典過五王火盛況。

11　陳進成、洪瑩發，《東港迎王平安祭典》（文化部文化資產局，2015），頁8。

堆柴火燃燒成小火炭時，工作人員再以竹竿將其舖攤成一片，並於火炭上撒上鹽，再由東隆宮溫府千歲神轎，率先開火路赤足通過火堆，隨後依序由大千歲、二千歲、三千歲、四千歲、五千歲、中軍府等神轎赤足過火，過火總共要過3次，過火完成後才會迎請代天巡狩入代天府安座。

3.宜蘭地區的過火儀式

宜蘭是臺灣東部最常舉行過火儀式的地區，例如員山鄉玉雲宮農曆1月9日玉皇上帝聖誕；壯圍鄉永鎮宮農曆2月15日開漳聖王聖誕前；羅東鎮福安宮，農曆2月22日廣澤尊王聖誕；冬山鄉振安宮農曆8月28日大王聖誕、2月25日二王聖誕、7月25日三王聖誕；五結鄉二結王公廟農曆11月15日古公三王聖誕前，都會舉行過火儀式，[12]尤以二結王公廟最為盛大而聞名。

林坤和在《二結王公廟的過火研究》論文摘要中提到，「二結王公廟每年農曆11月15日『古公三王公生』之前，均會舉辦盛大的過火儀式，有鑑王公經年為百姓消災解厄，難免染上不淨，因此借著『過火』儀式，去除王公身上的穢氣，以永保廣大神力，也為信徒帶來好運。……尤其近年以一萬台斤的炭火堆，來進行過火儀式，更是另人驚嘆」。[13]

二結王公廟主祀古公三王，據傳為宋朝末年抗元之義士，老大「柳信」善醫術、老二「葉誠」精勘輿、老三「英勇」通熟道法，三人除組義軍抗元外，亦常為鄉民治病、消災解厄，

12 游謙，〈神聖的試煉：永鎮廟的王公過火〉《儀式、廟會與社區：道教、民間信仰與民間文化論文集》，頁359-374。
13 林坤和，《二結王公廟的過火研究》，摘要。

■ 宜蘭城隍繞境，入廟安座前過金紙火。（邱彥貴提供）

頗為鄉民所敬仰。南宋帝昺祥興元年（1278），宋帝為元軍所包圍，正當危急之際，三位義士率領義軍奮勇大戰元軍，雖使宋帝得以脫圍逃出，但三位義士及所有義軍卻均不幸壯烈犧牲。宋帝為感三位義士之英勇，敕封為「古公三王救世天尊」。

　　清朝乾隆51年間（1786），一位名為廖地的漳州漳浦人，迎奉三王公神像渡海來臺，依三王公聖示於二結庄處落腳，後來三王公因濟世救人，神威顯赫，於是庄民視為守護神並建廟祀。清嘉慶21年（1816），廖地再返祖籍漳浦，迎請大王公、二王公神尊回二結奉祀。

　　農曆11月15日是宜蘭二結王公廟「三王公」的聖誕日，此日廟方都會舉行盛大的「過火」儀式，近年來其過火所用的木炭多達2萬斤以上，是全國規模最大的過火儀式，每年皆能吸引許多民眾前來觀賞。過火是在下午舉行，當炭火全部燃燒，整個活動準備工作完成就緒，這時三王公的輦轎會開始靈動發

輦起來，準備尋找三王公的
乩童，這三王公「找乩童」
或稱「抓童乩」、「掠童乩」，
算是二結王公廟過火的特色
之一，每年過火前三王公的
乩童都會故意躲起來，讓三
王公顯神威去把他找出來，
當王公「輦轎」發現乩童
時，乩童即會「起乩」並在
臉頰兩側穿上銅針，背上揹
上五鳳旗，然後隨輦轎回到
廟埕進行過火儀式。

■ 宜蘭二結王公廟於「三王公」的聖誕
　日過火儀式。(邱彥貴提供)

　　過火是由乩童手持七星
劍與令旗，來進行淨五方開火門儀式後，由執黑令旗者先「開
火路」首先赤足衝過火堆，隨後乩童與抬著神轎、抱著神像、
持令旗等等的信眾，也依序赤足踏過火堆。由於二結王公廟的
過火儀式，是燃燒 2 萬斤以上木炭，故在過火時，旁邊都會有
許多工作人員，一直向火堆不斷的撒鹽來降低溫度，減少過火
儀式的危險性。

4.雙北地區的過火儀式

　　臺北市與新北市的雙北地區，許多的廟宇於神明聖誕之
時，也會舉行盛大的過火儀式，其常見的是分為過「炭火」與
過「金紙火」兩種，例如陽明山雙溪仔關聖帝君廟、大龍峒保
安宮、士林芝山巖惠濟宮、內湖公館武身開漳聖王廟、新莊

保元宮、新莊中港厝福德祠、沙崙保安宮…等等，都是過「炭火」，三重先嗇宮、三重護山宮、新莊地藏庵大眾廟、五股龍鳳巖、油車口忠義宮過的則是「金紙火」，其中新莊保元宮的過火儀式，更被以「新莊保元宮弄過火」之名稱，登錄為新北市無形文化資產。

　　新莊保元宮創建於清乾隆41年（1776），主祀池府王爺與中壇元帥。相傳早年新莊常因大嵙崁溪（大漢溪的舊稱）氾濫成災，民間深受水患之苦，當時池府王爺的王船因大水從新塭庄漂流到「茄苳腳」（今新莊區文明里），居民認為池府王爺可鎮水患，遂於清乾隆41年（1776）建廟奉祀，祈求港運平安。中壇元帥（李哪吒三太子）則是後來才奉祀，其由來有兩種說法，一是新莊某年大水災，正當鄉民們在搶救家當時，發現水中有一神像閃耀金光，定睛一看卻是哪吒太子，於是請來奉祀；二說則是碼頭工人以哪吒太子為主神，時常在碼頭祭祀，後才請至廟內與王爺一同奉祀，以壯神威。[14]

　　新莊保元宮在每年農曆9月9日中壇元帥聖誕之日，都會行盛大慶典活動，包括農曆9月7日的繞境、9月8日的祝壽醮典與拜天公、9月9日的過火儀式。保元宮的過火俗稱「弄過火」，主要目的在於洗滌神明周遭的汙穢，並增添威靈，達到除穢及解厄作用。

　　過火儀式是在保元宮的廟埕來舉行，廟埕上木炭堆高成山

---

14 新北市文化資產數位學習網，2018年8月10日，檢索取自 http://www.
　 newtaipeiheritage.tw

■ 新莊保元宮弄過火，是新北市無形文化資產。（洪瑩發提供）

狀並點火燃燒，過火儀式是由法師（小法團）團來執行，經請神、敕符、調營安鎮五方，並在燃燒的木炭撒上厚厚的鹽後，參與過火的人員，依序抬著神轎或手捧神像赤足踏火而過，在過火儀式結束後，接著會進行犒賞兵將儀式，待犒賞兵將儀式結束，整個保元宮一年一度的中壇元帥聖誕祭典，才算正式圓滿。

有別於新莊保元宮的過「炭火」，雙北地區尚有另一種常見過「金紙火」的過火儀式，以淡水油車口忠義宮為例，其每年的農曆9月8日舉行的火儀式就是過「金紙火」的形式。

淡水油車口忠義宮俗稱蘇府王爺廟，據淡水文化基金會網站〈淡水蘇府王爺廟的王船祭典〉一文載：「位於油車里的蘇府王爺廟，鄰近淡水河出口，隔河與觀音山相望，是西淡水最重要的王爺廟。該廟正殿主祀蘇王爺，根據廟方簡介，蘇王爺

原為明代廣東人，先考中進士，後晉升為七省巡按，最後歿於福建泉州之鳳頭北；因蘇王爺生前官位頗高，所以才能配備王船。該廟的蘇王爺原為往來閩台之商船所供奉，清初時，因於淡水河口發生船難，才被迎請至油車口的民家。後因王爺神威顯赫，當地居民感念其德澤，遂於道光年間集資建廟。1958年重新改建，隔年完工，並更名為『忠義宮蘇府王爺廟』。此後

■ 淡水油車口忠義宮過「金紙火」儀式。（洪瑩發提供）

■ 淡水油車口忠義宮，於淡水河畔燒王船。

50年，陸續增修龍柱、拜亭…等等，而成今日之宏偉規模。」[15]

　　淡水油車口忠義宮，是雙北地區少數每年都會舉行迎王燒王船祭典的廟宇，每年農曆9月9日，是油車口忠義宮蘇府王爺聖誕的日子，廟方會於農曆9月8日與9月9日這兩天，舉行恭祝蘇府王爺聖誕暨迎王燒王船的祭典；農曆9月8日上午，

15　淡水文化基金會網站，2018年8月10日，檢索取自 http://www.tamsui.org.tw/culture/154-2-1.htm

廟方於過火場先進行過「金紙火」儀式後展開巡庄繞境，農曆
9月9日蘇府王爺聖誕當日上午，廟方會舉行祭天拜天公與敬
神宴王的儀式，下午則進行犒軍，傍晚舉行送王燒王船儀式，
恭送巡狩王爺回天繳旨，圓滿結束整個祭典。

5.嘉義地區的過火儀式

　　目前嘉義地區的過火儀式較盛行於山區，例如竹崎鄉的白
杞寮就有許多庄頭於神明聖誕時，會舉行過火儀式，而過火的
主要形態分為過金紙火與過柴火等兩種，其庄頭過火時間與形
態如下表所式：

【表1　嘉義縣竹崎鄉白杞寮庄頭過火時間表】

庄頭名稱	過火日期	神明聖誕	過火形態
玉山岩	農曆2月19日	觀音佛祖媽聖誕	過金紙火
嶺尾九龍岩	農曆2月19日 農曆6月19日 農曆11月19日	觀音佛祖媽聖誕（大媽） 觀音佛祖媽聖誕（二媽） 觀音佛祖媽聖誕（三媽）	過金紙火
舊社	農曆3月3日 農曆3月15日	玄天上帝聖誕 保生大帝聖誕	過柴火
唐下寮	農曆3月3日	玄天上帝聖誕	過柴火
泉州厝寶安宮	農曆9月9日	中壇元帥太子爺聖誕	過金紙火

　　以嶺尾九龍岩為例，每年會舉行3次過火儀式，分別在農
曆2月19日、6月19日、11月19日，觀音佛祖大媽、二媽、
三媽聖誕之日晚上舉行，過火形態是過「金紙火」，儀式是由
神明降駕於手轎來主導進行。首先工作人員會依手轎指示，將

■ 白杞寮嶺尾九龍岩過「金紙火」儀式。(林俊舜提供)

金紙於「公廳」前排成七星狀，吉時一到手轎會再度指示點燃這七堆金紙，並依序引領爐主、手捧神像人員、信徒等，赤腳一一跨過七星火進入公廳，完成過火。

■ 第三節　近代新聞中的過火特色現象

除了上述《日日新報》關於日治時期過火的報導，與現今臺灣各地過火情況的田野調查外，隨著近代網路資訊的發達，我們也可透過網路的新聞報導，從現代新聞的角度，來看現今臺灣過火的的一些特色現象。

2004年1月20日《TVBS NEWS－車子也可以過火，新車上路求平安》：「許多民眾為了求平安去霉運往往會到廟裡過

火，不過您看過車子也有過火儀式嗎？台中市有位民眾最近買了台百萬新車，今天（20日）特地將車子開到廟裡，由法師做法過火，希望新春期間開新車上路遊玩一切平安。

陳先生最近買了台百萬新車，今天交車第一件事就是先開到廟裡祭拜神明，希望討個好彩頭，祈求一切平安。元保宮書記張文隆：『報告你的姓名、住址，說今天良辰吉時買新車。』

陳先生向保生大帝虔誠祝禱今天買了台新車，希望一路平安順遂，接下來法師準備做法。元保宮書記張文隆：『車主呢？把車門全都打開。』法師隨後點起符祿，吩咐陳先生將新得發亮的新車車門全都打開，繞著車門指指點點，開始做法。

儀式結束將車子開過符祿，整個儀式就算完成。求得平安符，陳先生立刻掛在新車上，他說新車過火之後心裡覺得更加踏實，而讓民眾心安也是整個過火儀式最大的意義。元保宮書記張文隆：『藉由眾神佛力量，在過火儀式後提醒駕駛朋友開車注意安全。』。這樣的儀式在許多寺廟都有提供，許多民眾買了新車往往都會討個平安符，也有人像陳先生一樣進一步過火去去霉氣，討個好彩頭，隨時提醒自己開車注意安全。」[16]

2017年12月11日《風傳媒－全台唯一神轎結合3D彩繪汽車過火，台中宮廟本周末免費服務》：「許多民眾買新車，會到廟宇祈求神明庇佑，人車平安，甚至會幫愛車安排「過火儀式」，台中知名的財神廟南天宮關帝廟，最近幾年來為信徒提供專業「過火專區神明加持人車平安」的服務，今年特別以結

16　2018年8月10日，檢索取自 https://news.tvbs.com.tw/other/385890

合現代流行的 3D 彩繪，訂製全台唯一『神轎過火』，以傳統神轎攢轎下的方式，讓愛車穿過神轎過火專區，由法師在現場進行加持儀式，祈求整年平安順利。」。[17]

車子是現代人必備的交通工具，無論汽車、機車、腳踏車，都可見到掛有香火袋、平安符等祈求行車平安的信物，除此之外，更慎重者則會將車子牽到廟前進行過火潔淨儀式，上面引用的新聞報導，對臺中元保宮為信眾進行新車過火方式，有著詳細敘述，而同樣位於臺中市的南天宮關帝廟，更結合神轎與 3D 彩繪，讓汽車穿過神轎過火。

2015 年 10 月 17 日《中時電子報－大天后宮巡狩海域過火儀式》：「臺南今年登革熱疫情形同瘟疫肆虐，中西區祀典大天后宮繼日前『煮油驅邪』祈福，23 日將再辦臺灣媽祖巡狩海域文化節，象徵神明法力『海陸兼顧』。17 日臺南市議長李全教與眾多信徒一起參與出巡前過火儀式，廟方表示今年台南多災難，神明要盡一切所能，為百姓消災解厄。

供奉媽祖神明的大天后宮才剛舉辦完『煮油驅邪』儀式用來驅除市區瘟疫，臺南市長賴清德還率官員全程參加。廟方再決定執行罕見的海上繞境活動，廟方形容媽祖婆不惜『火裡來、水裡去』，發揮最大法力保衛鄉民。

廟方預定 23 日起，媽祖神像將從高雄蚵寮漁港搭船出海，

17　2018 年 8 月 10 日，檢索取自 https://www.nownews.com/news/20180403/2729690/

臺南過火儀式

■ 2015年大天后宮舉行媽祖海巡活動。

抵達旗津後,再回到臺南將軍區的馬沙溝上岸,再一路抬轎回
廟,沿途在海上進行消災祈福法事。

　　媽祖出巡祈福法會17日在廟前開壇後,廟埕點燃一堆炭
火,法師作法後,李全教拿著旗子跟在法師身後跨越火團,象
徵可為民眾消災祈福,許多信徒提早抵達圍觀,見證儀式過
程,並爭搶參加『過火』,為自己祝禱祈福。

　　大天后宮主委曾吉連表示,海巡繞境儀式並非每年固定舉
辦,今年台南先逢旱災、又遇風災,再遇瘟疫,神明才連續降
旨,要求廟方在秋祭大典除了陸上繞境外,再增加海上繞境活
動,透過『海陸兼顧』的方式,雙管齊下為百姓祈福求平安。」。[18]

---

18 2018年8月10日,檢索取自http://www.chinatimes.com/realtimenews/
　 20151017003748-26040

2015年臺南市登革熱疫情形相當嚴重，該年正逢歲次乙未年，除了蘇厝真護宮、蘇厝長興宮、西港慶安宮、土城鹿耳門聖母廟等廟宇，剛好是3年一科啟建王醮為民眾除瘟祈福的年份外，臺南市許多廟宇也進行了各種除瘟儀式，藉傳統宗教儀式來對進行收瘟為信眾祈福，希望現代的流行病登革熱疫情，能夠消除，而臺南祀典大天后宮，也舉辦著媽祖巡狩海域與煮油過火儀式，祈望消除登革熱。

　　2016年2月25日《中央社－女神阿喜教敷面膜，跟大甲媽水水出巡》：「一年一度的大甲媽祖繞境活動即將展開，大甲鎮瀾宮與美膚娜娜合作，推出具有媽祖形象的『媽祖涼涼面膜』以及『冰泉霧保濕噴霧』，今天上午在鎮瀾宮舉行過火儀式，女神阿喜及美膚專家凱鈞現場分享肌膚保養之道。」。[19]

　　2018年4月2日《經濟日報－大甲媽祖國際觀光文化節台中銀行熱情參與》：「台中銀行與鎮瀾宮合作發行『大甲媽祖平安卡』，其主要特色係每張卡片皆至大甲鎮瀾宮舉行『過火』儀式，卡友隨身攜帶卡片猶如大甲媽祖護身加持保佑平安，祈願媽祖護佑卡友。持大甲媽祖平安卡年消費滿十萬元之卡友，將由台中銀行於次年免費代卡友於鎮瀾宮點光明燈；累計一般消費達5萬元，次月即可向台中銀行客服中心申請登錄，享一年不限次數免費道路救援服務」。[20]

19　2018年8月10日，檢索取自 https://tw.news.yahoo.com/女神阿喜教敷面膜-跟大甲媽水水出巡-044327782.html

20　2018年8月10日，檢索取自 https://money.udn.com/money/story/5636/3065228

2018年4月3日《今日新聞－白沙屯拱天宮限量媽祖悠遊卡，隨身攜帶出入保平安》：「配合一年一度白沙屯拱天宮媽祖徒步進香盛會，悠遊卡公司與拱天宮合作發行二款『白沙屯拱天宮媽祖悠遊卡』，卡片正面　印白沙屯媽祖聖像，是經擲筊徵得同意，卡片製程更摻入香灰，並舉行過火祈福儀式，要讓持卡民眾有如隨時有媽祖保庇，出入平安。」。[21]

2018年04月25日，《中時電子報－瀚宇興業捐贈百台助聽器給大甲鎮瀾宮》：「為了廣大的銀髮族群，並發揚「付出」的精神，瀚宇興業今（25）日在大甲鎮瀾宮舉行產品過火暨捐贈會，當場捐贈100台「易耳通」助聽器給鎮瀾宮，由董事長顏清標代表接受，希望能因此幫助廟裡有需要的信眾。」。[22]

在這文創發展多元的時代，除了傳統香火袋要配戴在身上保平安，須要過香爐火外，許許多多結合民間信仰文化或廟宇所發行的產品，也都會進行過香爐火的過火儀式，例如「面膜」、「保濕噴霧」、「信用卡」、「悠遊卡」，甚至於要捐贈的助聽器也會進行過火。

21　2018年8月10日，檢索取自 https://www.nownews.com/news/20180403/2729690

22　2018年8月10日，檢索取自 http://www.chinatimes.com/realtimenews/20180425003563-260405

第 五 章

臺南過火儀式田野調查（1）──過柴火

▎第一節　四鯤鯓龍山寺的過火儀式

　　四鯤鯓是位於安平港南岸的聚落，為昔日府城外，屏障臺江內海的濱外 7 個鯤鯓沙洲其中之一，從安平往南算起排於第 4，故名「四鯤鯓」，鄭氏時期即有蔡姓人氏前來此地居住，後來陸續亦有其它姓氏之人遷移至此，逐漸發展成一個漁村聚落，庄中廟宇以龍山寺為主要信仰中心。

　　龍山寺之由來，相傳 1665 年有漳泉軍士眾，迎奉泉州安溪清水岩鬼湖洞「清水祖師公」，泉州湖頭泰山岩「顯應祖師公」（清水二祖師公），漳州平和三平寺「三坪祖師公」（清水三祖師公）等渡海來臺，於台江古地四鯤鯓建祠奉祀，因歷史悠久，聖澤丕顯、神蹟屢昭，故有「全臺開基清水師廟」之稱。

■ 四鯤鯓龍山寺奉祀清水祖師公、顯應祖師公、三坪祖師公三位祖師公。

　　廟祠草創以來，於1801年歲次辛酉曾重建一次，後陸續廟體皆有增修，1987年，時任主任委員王三助有感廟宇狹小老舊，而組重建委員會拆舊廟重建，於1990年完工入廟，即為今之廟貌，並於1992年農曆4月26日舉行祈安清醮大典。

　　龍山寺奉祀清水祖師公、顯應祖師公、三坪祖師公三位祖師公，早期每逢三位祖師公聖誕時，皆會舉行「踏火」的過火儀式，而現今除農曆1月6日的清水祖師公聖誕，舉行「踏火」的過火儀式外，農曆6月6日三坪祖師公聖誕，與農曆9月6日的顯應祖師公（清水二祖師公）聖誕，現都改以過「七星爐火」。

一、清水祖師公聖誕祭典與踏火儀式

　　農曆1月6日是清水祖師聖誕，四鯤鯓龍山寺每年皆會配合春節假期，從除夕夜開始便會舉行一系列的的活動，例如除

臺南過火儀式

■ 農曆1月6日是清水祖師聖誕，四鯤鯓龍山寺會舉行踏火儀式。

夕夜開廟門拜頭香、擲筊借發財金、平安宴、祖師七星平安橋
過限消災解厄、過火儀式等，有別於許多地方的春節七星平安
橋，都是在大年初一即開橋為信眾消災解厄，四鯤鯓龍山寺的
七星平安橋，則只在大年初六，清水祖師公聖誕時，才來進行
過橋過限儀式。

　　清水祖師公聖誕的過火儀式，是在農曆1月6日晚上舉行，
是屬於「踏火」形態的過火，早期四鯤鯓龍山寺的過火儀式，
是由廟內自組的小法團來進行，近來則改聘請外地的小法團來
進行科儀。過火場中設有一神案桌，桌上奉有中壇元帥、虎爺、
五營官將，待火場中火柴堆然燒成小火炭時，工作人員及用竹
竿將其攤平，而此時小法團即開始來到神案桌旁，落壇演法行
儀，並調來五營兵將安鎮過火場五方，以利儀式平安順利進行。

　　當小法團完成調營結界後，龍山寺三位祖師的3頂八抬神

轎，也來到了過火場，此時法師開起了火門，工作人員也開始撒鹽至火炭中，三頂神轎則由轎班人員赤足扛著，依序踏火而過，神轎在過火3次後，直奔回廟進行安座，而過火場也有許多民眾開始赤足踏火，待所有民眾完成過火後，小法團即行關火門與謝壇之儀，完成整個過火的儀式。

二、清水二祖師公與三坪祖師公聖誕過七星爐火儀式

　　四鯤鯓龍山寺，除了農曆1月6日是清水祖師公聖誕，有舉行踏柴火的過火儀式外，據說早期農曆6月6日的三坪祖師公聖誕，與農曆9月6日的顯應祖師公（清水二祖師公）聖誕也都會舉行，唯現在的清水二祖師公與三坪祖師公聖誕，都已改成過七星爐火。

　　清水二祖師公與三坪祖師公聖誕日午後，廟方會於舉行安營繞境，整個慶典活動由小法團進行「煮油」儀式開始，所謂的安營繞境，即抬著清水祖師公、清水二祖師公、三坪祖師公的3頂神轎，前往外五營位置，更換五營的青竹符，也順道巡視綏靖地方，而在神轎繞境同時，會有另一組廟方人員，抬著「油鼎火」到庄內每家每戶的門口或大廳，進行淨宅儀式，傍晚時則於廟埕上來舉行「賞兵犒將」的拜拜儀式。

　　晚上，廟方工作人員於廟埕上，將7座「烘爐火」排列成七星狀，名為「七星爐」，七星爐後頭再放置一個「油鼎火」，並由小法團開始進行法事科儀，依序於七星爐的五方，召來五營兵將鎮守，以護衛七星爐周遭，好讓接著要進行的過七星爐

火儀式，能平安順利的進行。

　　當七星爐火安置完成，首先會由清水祖師公、清水二祖師公、三坪祖師公的3頂神轎，依序來通過七星爐火與「油鼎火」，當神轎通過七星爐火後，廟方人員會將清水祖師公的神轎，抬上位於「油鼎火」後方的木架上，接著開始開放讓信眾來過七星爐火與「油鼎火」，然後再從清水祖師公的神轎下鑽過，消災解厄，完成過七星爐火儀式。

■ 四鯤鯓龍山寺神轎過七星爐火。

■ 四鯤鯓龍山寺信眾過七星爐火。

■ 信眾過七星爐火後，再過油鼎火。

■ 四鯤鯓龍山寺信眾，過火完再鑽轎腳。

■ 第二節　安南區學甲寮慈興宮的過火儀式

安南區學甲寮是位於曾文溪南岸，國聖橋東南方的聚落，學甲寮成庄始自清道光3年（1823），距今約200年前先有學甲人「莊朝」南遷來此，編茅為屋、開闢荒蕪，後來繼有將軍鄉苓仔寮黃笑、黃文治，佳里塭仔內黃丑、黃來等人也南遷於此，久之結成聚落，為紀念當初「莊朝」由學甲遷來之始，故以「學甲寮」為名。學甲寮的庄頭廟是慈興宮，每年農曆九月九日夜晚，都會舉行過火儀式。

一、學甲寮慈興宮沿革

學甲寮慈興宮主祀池府千歲，配祀保生大帝、中壇元帥、如來佛祖等神明。相傳聚落開墾之初，莊朝由學甲慈濟宮分來「保生大帝」與「中壇元帥」神像二尊，而黃笑由將軍苓仔寮保濟宮分來「池府千歲」一尊，另再向高雄大岡山超峰寺分來「如來佛祖」一尊，於1937年時興建公厝一所，奉祀此四尊神像及配祀「田都元帥」、「九鑾元帥」、「黑虎將軍」，並定廟名名為「慈興宮」。

20世紀60年代時，時任里長的黃正先生等人，建請臺南市政府在學甲寮設置南興國小分班（今學東國小前身），並在公厝興建教室6間，之後該校之設施仍沿用公厝之地，里民鑒及學校乃文學發源之所，非成功不可，遂將公厝之用地全部呈獻市政府作為未來興建學校用地，1978年易地重建新廟，並增奉「福德正神」、「註生娘娘」等神尊。

■ 學甲寮慈興宮主祀池府千歲，配祀保生大帝、中壇元帥、如來佛祖等神明。

二、慈興宮的過火儀式

　　慈興宮是學甲寮信仰中心，主要的特色祭典活動有大年初一的「車輛行車平安法會」，由神明降駕於「手轎」，並以「油鼎火」潔淨信眾之機車與汽車，還有農曆6月18日池府千歲聖誕的過七星平安橋，與農曆9月9日中壇元帥聖誕的過火儀式。

　　每年農曆9月9日是中壇元帥太子爺的聖誕，民間信仰中，認為中壇元帥太子爺掌管兵馬之權，故學甲寮慈興宮定於每年農曆9月9日，中壇元帥太子爺的聖誕之期，舉行過火與安營釘竹符之儀式。

　　農曆9月9日的夜晚，學甲寮慈興宮廟前擺設了3排祭祀桌，分別是祭祀「南、北斗星君」、「火德星君」、「地藏王菩薩、

仁聖大帝」，在廟方執事人員依序於3排貢桌處祭祀後，神明也陸陸續續降駕於「手轎」、「乩童」、「四輦轎」之中，並由「手轎」來勅安營用之竹符，而乩童則於踏火場火堆四周，操五寶法器來安鎮五方，以利過火之進行。

學甲寮慈興宮的過火，是屬踏柴火形態，當柴火燃燒成火炭之時，雖然火燄依然炙熱，但在乩童完成安鎮踏火場之後，手扶「手轎」與抬「四輦轎」的工作人員，率先赤足踏火而過，這是屬於踏「生（青）火」的踏火儀式，隨後信眾也陸續赤足踏火奔跑而過，在完成第1次過火後，則再從垂直方向依序再赤足踏火過第2次火，當過火2次完成，「手轎」隨即於地上畫符關閉火門。當過火儀式結束，廟方人員才在鑼鼓的引導下，展開安營釘符。

■ 乩童於踏火場火堆四周，操寶來安鎮五方，以利過火之進行。（周宗楊提供）

■ 學甲寮慈興宮的過火，是踏「生（青）火」。（周宗楊提供）

■ 第三節　安南區清慈宮的過火儀式

清慈宮是一間位於安南區安培路上的清水二祖師廟，建廟

臺南區火儀式

歷史雖不久，但因神明有在降壇辦事，故神威顯赫很快就擁有相當多的信徒，在2018年的清水二祖師聖誕之前，清慈宮舉行了「清淨避邪百人踏火」活動。

■ 安南區清慈宮百人踏火大型宣傳廣告。

一、安南區清慈宮沿革

　　據臺南市清慈宮官方網站載，[1]相傳清慈宮奉祀第一代清水二祖師姓許名友，在唐朝開成3年（838）誕生於福建昭安下圍，祖師自幼聰穎，長大博覽典籍天文地理、醫書、符法精通。唐咸通3年（862）祖師年24歲，上京考取進士。

　　唐天啟2年（886）應僖宗召命擔任巡府護駕，並授國師、持賜尚方寶劍1雙，唐景福元年（892）祖師年54歲，辭官雲遊至大南坂清泉翁之洞內，即現今福建漳浦縣清泉巖，手捧天珠靜修五術之道，稱「明禪師」。唐天佑2年（905）瘟疫四起，祖師四處行醫普救貧病、救人無數，迨五代開平年間為皇太后治病，太祖朱溫感念祖師救皇太后之恩，敕封「麻醫真人」。五代後梁乾化元年（911）祖師年事已高，為救萬民於瘟疫之苦不辭勞力，不幸亦身染病毒面黑仙逝。

1　臺南市清慈宮官方網站，2018年6月24日，檢索取自http://patriarch.org.tw/index.php

清道光13年（1833），李家祖先從福建漳浦大南坂清泉巖祖厝，恭請清水二祖師一尊到麻豆溝仔墘開墾落居，後傳至八代弟子李建隆先生時，因2001年李先生不幸過世後，後代子孫不再奉祀，於是清水二祖師於2006年由臺南張清火先生迎回奉祀，之後由張清火擔任乩童，梁添竹為文生，開始開壇救世，並降駕言定2011年要建廟，於是在2008年5月成立管理委員會，2010年2月成立籌建委員會，開始籌募善款購地建廟。2011年農曆6月12日動土興建，2012年農曆6月24日入火安座。[2]

二、清慈宮清淨避邪百人踏火

　　安南區清慈宮主神清水二祖師，以農曆1月6日為聖誕日，每年祖師誕都會配合春節舉行一連串的迎春祈福活動，2018年歲次戊戌年，廟方特奉清水祖師令於農曆1月4日上午舉行了「清淨避邪百人踏火」活動。

　　農曆1月4日上午，過火場場中早已放置了一堆由相思木堆成的柴堆，而柴堆東南方處則搭有一帳篷，帳篷內設有奉祀廟方神像的神壇，與朝外供做為紅頭法師行儀演法的儀桌。

　　上午8點許，紅頭法師領廟方管理委員會、信徒等眾人，向上天焚香敬稟舉行「清淨避邪百人踏火」之事，祈求一切平安順事，隨後紅頭法師即展開清壇請神儀式與點燃柴堆，調請五營兵將安鎮五方結界，待柴火燃燒幾成小火炭之時，工作人員用竹竿將火炭鋪成四方形，法師再放「霜雪符」入火炭中，

2　臺南市清慈宮官方網站，2018年6月24日，檢索取自 http://patriarch.org.tw/index.php

並由工作人員撒下大量淨香末，除加快木柴燃燒外，亦可在火炭上行成厚厚的保護膜。

中午11點，午時吉刻將至，清水二祖師降駕於乩童身上，所有執事人員也按事先規劃，將神像一一綁在身上。吉時一到，法師火門一開，隨即與乩童引領眾人，守序的依戊戌年的大利方向，由東向西赤足踏火而過，待所有的人完成第一次過火後，接著法師與乩童再度引領眾人，改由南往北方向赤足踏火而過，2次過火完成後，法師隨即關閉火門，完成這次「清淨避邪百人踏火」儀式，而工作人員亦以4根竹竿將火炭堆四周圍起，不再讓人進行過火。

■ 安南區清慈宮踏火場儀桌前，插置三支押煞符用來安鎮過火場。

■ 安南區清慈宮過火儀式，法師清壇請神。

■ 法師火門一開，率先赤足踏火而過。

■ 關火門後，以4根竹竿將火炭堆四圍起，不再讓人進行過火。

■ 第四節　麻豆小埤頭普庵寺的過火儀式

麻豆小埤頭位於中山高速路西側，昔日小埤頭庄與大埤頭庄之間有一河道小港，稱為「埤頭港」，小埤頭庄位於埤頭港東側，也就是過「埤頭港」之後，所到達的庄頭，故又有「過港」之名。小埤頭的信仰中心，為主祀普庵祖佛的「普庵寺」，2017年時奉普庵祖佛神示，於國曆12月16日（農曆10月29日），舉行「丁酉年靈寶烏山火盆科儀繞境大典」，其「靈寶烏山火盆科儀」，即為過火儀式。

■ 小埤頭普庵寺主祀——普庵祖佛。

一、麻豆小埤頭普庵寺沿革

小埤頭俗諺：「不驚廿九暝，只驚董公生」，董公者即普庵寺奉祀之主神－普庵祖佛，其神像係隨施姓開臺先祖施癸公等

臺南過火儀式

人，約於清康熙年間，由祖居地福建泉州府南安縣廿七都冷井埔（今福建省南安市英都鎮牛竹巷），渡海來臺落腳於麻豆堡過港（今小埤頭），開墾施琅將軍勛業地。開墾之初，普庵祖佛並無固定之廟宇奉祀，僅由爐主輪流迎回家中供奉，向例以每年農曆11月1日早擲筊產生爐主，11月26日拜天公謝願，11月27日為普庵祖佛聖誕千秋，普庵祖佛聖誕之日家家戶戶大肆宴客，熱鬧非常，無力者亦勉強為之，所以留下了所謂「不驚廿九暝，只驚董公生」俗諺，刻劃小埤頭庄早期農村社會醮神賽事之盛況，相沿成習至今。

日治時期大正2年（1913），弟子陳振明先生，有感酬神賽事無固定之所實為不便，乃發起籌建公厝，內祀主神普庵祖佛，並同祀觀音佛祖、池府千歲、中壇元帥、田都元帥、黑虎將軍，並於大正7年（1918）將廟名登記為「普庵宮」。

1949年弟子陳振旺先生發起整修公厝。1963年庄民因爐主選任意見分歧，有人提議重塑普庵祖佛金尊，另覓吉地於本庄庄南籌建寺廟「普天宮」。而前所草創之公厝，亦因歷經數十年風雨侵蝕，簷瓦頹墮，其普庵祖佛像再度由爐主輪流供奉。1974年時任主任委員施受於先生倡議重建廟宇，同年1月28日擇定現址動工興建，1976年11月10日，午時入火安座，更改廟名為「普庵寺」，並加奉福德正神、註生娘娘、守印元帥、天虎將軍。1986年普庵寺鐘鼓樓落成，並啟建五朝慶成祈安醮。1990年增建金爐、拜亭、倉庫。今所見之廟貌為2004年動工修建竣工。[3]

3　何厚憎，〈普庵寺沿革〉碑誌，2006。

二、普庵寺的過火儀式

　　2017年麻豆小埤頭普庵寺，奉神意舉行「丁酉年靈寶烏山火盆科儀繞境大典」，為了這場難得舉行的聖典，全體廟方人員也於活動前3天開始吃素，並於12月13日置天臺，向上天啟稟聖典相關事宜，與祈求活動順利。

　　「丁酉年靈寶烏山火盆科儀繞境大典」，是在國曆12月16日（農曆10月29日）舉行，活動包括上午前往赤山龍湖巖、西庄惠安宮、麻豆代天府、麻豆金蓮寺等廟過爐參香，回庄後展開巡庄繞境。此次活動，交誼友宮小埤普天宮、埤頭北玄宮、西庄惠安宮、西庄田府元帥、太子宅龍穩寺、埤頭永安宮等，皆以陣頭、神轎伴駕慶讚繞境。午後，則於廟前廣場，由紅頭法師進行犒賞兵將。

　　所謂「靈寶烏山火盆科儀」即為俗稱的「踏火」或「過火」，為了此次的「過火」活動，廟方在廟前整理出了一片「過火場」，並於過火場北端搭配一「紅壇」，做為安奉神尊與法師行儀演法之所。

　　國曆12月16日（農曆10月29日）夜，過火場上燃燒的柴堆照亮了夜空，也為寒夜帶來些許的暖和。當柴火燃燒成小火炭之時，工作人員開始用竹竿將火炭攤平，在角鼓與法咒聲中，紅頭法師也開始於過火場四周，調請兵將前來安鎮過火場，同時普庵寺的金獅陣也把整個過火場圍起來，不讓邪穢侵擾，以利活動進行。

　　普庵寺的過火是屬「踏熟火」形式，也就是有撒鹽與淨香末。過火吉時將至，神明陸續降駕於乩童身上，被指派要奉請

■ 普庵寺丁酉年靈寶烏山火盆科儀繞境大典。

■ 燃燒的柴堆照亮了夜空，也為寒夜帶來些許的暖和。

■ 小埤頭普庵寺「丁酉年靈寶烏山火盆科儀」。

■ 法師關閉火門後，以4根竹竿將火炭堆四周圍起，不再讓人員進行過火。

神尊過火的人員，也開始將神尊綁於身前並用雙手捧著，待紅頭法師火門一開，在乩童引領下，眾人守序的依丁酉年的大利方位，先從北往南赤足踏火而過，當包括金獅陣成員與信眾都完成過火後，紅頭法師隨即關閉火門，並由工作人員抬來4根竹竿，將火炭堆四圍起，不再讓人進行過火。

第五節　學甲慈濟宮過火儀式

「學甲」原屬平埔族西拉雅族人居住之所在，鄭氏時期陸

續有漢人遷移來此居住開墾，逐漸建立了學甲、中洲、草垺、大灣、山寮、學甲寮、宅仔港、倒芳（風）寮、三寮灣、溪底寮、二重港、灰磘港、渡仔頭等所謂的「學甲13庄」，這13個庄頭雖各有自己的庄頭廟，但還是以學甲慈濟宮為信仰中心。

學甲慈濟宮於每年農曆3月14日晚上，皆會舉行「踏柴火」形式的過火儀式，這個過火儀式算是保生大帝聖誕的祭典活動之一，其整個保生大帝聖誕的一系列祭典活動，包括了農曆3月11日上白礁繞境與祭祖、農曆3月14日安營過火、農曆3月15日保生大帝聖誕祝壽大典、農曆3月16日賞兵。

一、學甲慈濟宮沿革

慈濟宮位在學甲區熱鬧的市中心，廟宇巍峨壯麗，分有前後兩殿，前殿奉祀保生大帝，後殿供奉觀音佛祖。宮殿雕樑畫

■ 學甲慈濟宮主神是來自白礁慈濟宮的保生二大帝。

棟，石柱蟠龍，建築深具古色古香之歷史化藝術，並有一代宗師葉王交趾燒及何金龍剪黏等精巧別緻，宮外尚有石獅、旗桿等各一對，另有宏偉牌樓，不但堂皇而且嚴肅。

慈濟宮主祀神明據耆老相傳，為鄭成功渡海來臺之時，福建泉州府同安縣白礁軍民隨軍渡臺，為求渡海平安，由李姓人家迎請白礁慈濟宮保生二大帝、謝府元帥和中壇元帥等三座神尊同渡來臺庇護眾生。渡臺先民於將軍溪畔的「頭前寮」平安登陸後，散居在學甲、大灣、草坔、溪底寮、西埔內、山寮、倒風寮等地，胼手胝足墾土屯田，並共議在學甲李姓聚落的下社角，搭建草寮奉祀保生二大帝等三尊神像。

而後開基保生二大帝，神威靈顯著，遐邇傳聞，香火益盛，四方善男信女前來行香者絡繹不絕，於是由鹽水岸內趙姓信徒獻廟地，並於清康熙40年（1701）時，於今現址鳩工興建宮廟。

在慈濟宮建廟年代上，亦有建於1743年之說法，據學甲下社角「白礁宮」1983年的建廟碑記中記載：「明末鄭成功偕忠貞軍民來台，本下社角第一代世祖李勝，由白礁慈濟宮恭奉開基二大帝、謝府元帥、中壇太子保護忠貞軍民於學甲西方頭前寮溪岸登陸，在下社角定居。當時學甲慈濟宮的廟地，原為鹽水岸內一趙姓者所有，鎮守營斗而安然無恙，因而發願將其擁有之地（即現在慈濟宮廟地）恭獻大帝建廟，乾隆（1743）年建造草庵為廟，奉祀大帝。」。[4]

4　《慈濟宮志》，慈濟宮網站，2018年5月22日，檢索取自 http://www.tcgs.org.tw/about_from.html

學甲慈濟宮今廟貌為2003年修建，學甲慈濟宮主神保生大帝，為昔日白礁慈濟宮開基二大帝地位崇高，學甲慈濟宮也因而成為海內外保生大帝信仰與朝聖進香之中心。

二、上白礁

學甲慈濟宮開基保生二大帝，自渡海來臺後，相傳清領初期即會於農曆3月11日，組團回福建白礁慈濟宮參與農曆3月15日的保生大帝聖誕祭典，並舉行進香請火儀式，稱為「上白礁」，[5] 後因海上往來的風險較大與戰爭等因素影響，才改前往當初渡海來臺的登陸地「頭前寮」，於將軍溪畔遙祭白礁慈濟宮。

早期前往軍溪畔舉行「上白礁」的祭典，原就保留傳統於農曆3月11日來舉行，因香路是從學甲慈濟宮往頭前寮來回，只經過學甲與中洲兩個大聚落而已，其它學甲庄頭只有出輾伴駕繞境，後來才又增加了繞境學甲13庄，並將繞境時間往前多加2天，形成3日香，據說日治前即有繞境學甲13庄的3日香存在，且是3年舉行一次，[6] 後因戰爭等因素中斷，直至1971年（辛亥科）才又有繞境學甲13庄的3日香舉行。1971年復辦的3日香，初期並無固定舉行年份，是以擲筊決定當年是否繞境學甲13庄，故舉行的年份是1971年（辛亥科）、1978年（戊午科）、1984年（甲子科）。自1988年（戊辰科）開始，改由信

5　「上白礁」的「上」字，臺語音「tsiūnn」，為前往的意思，「上白礁」即為前往白礁。
6　黃文博，《學甲上白礁暨刈香》（臺南：臺南市政府文化局，2013），頁119。

徒代表會決定，而後成為固定4年一次，逢子、辰、申年舉行繞境學甲13庄的3日香。

現今的上白礁祭典，還是固定每年農曆3月11日舉行，逢子、辰、申年舉行3日香時，為配合農曆3月11日的上白礁祭典，繞境日期也都固定為農曆3月9日、10日、11日3天。

「上白礁」活動，主要是由「宮內祭典」、「出香繞境」、「白礁亭祭典」3部份構成。「宮內祭典」是在1天的上白醮繞境出香前，或是3日香的繞境，第1天出香前，於慈濟宮宮內，向

■ 學甲香是臺灣著名的廟會活動。

■ 學甲慈濟宮於白礁亭前的將軍溪畔，進行請水儀式。

保生大帝行獻禮的祭典，在「宮內祭典」結束後，所有的文、武陣頭與神轎、宮輦，隨即展開第二部份的「出香繞境」，不管是 1 天的出香繞境，還是 3 日香的出香繞境，在農曆 3 月 11 日一定會抵達頭前寮的白礁亭，進行「白礁亭祭典」，這也是整個上白礁活動的主要祭典儀式，其包括「祭拜中華民族列祖列宗典禮」，「遙拜白礁慈濟宮祖廟典禮」、「請水火儀式」，待整個祭典結束後，所有的文、武陣頭與神轎、宮輦，依路關規劃，繼續繞境返回學甲慈濟宮，進行回鑾安座，完成整個「上白礁」活動。

三、過火儀式

　　每年農 3 月 14 日，是學甲慈濟宮安營與過火的日子，安營是在傍晚進行，由法師領著廟方工作人員，捧請保生大帝神像和攜著新的青竹符，往學甲慈濟宮的五個外營，進行安營更換青竹符儀式，讓外五營的防衛能力能夠持續，以庇護轄境安康。

　　在完成安營後，法師回到慈濟宮廟埕開始準備過火儀式，該過火儀式是屬於「踏火」形態的過火。由於學甲慈濟宮不是在土地或草地上進行過火，而是在廟埕上舉行踏火，為了不讓燃燒的火堆傷到廟埕的地面，故過火處會先舖上一層土堆，然後在於土堆上堆起「竹仔頭」的柴堆，並於廟埕上擺桌設壇，壇上安奉著保生大帝與五營旗。

　　整個過火儀式是由法師先點燃柴堆，並於燃燒的柴堆周圍，調來兵將護衛過火場四周，而此時學甲慈濟宮廟方則會廣播，請信眾到廟裡登記協助迎請神像過火，待火勢將竹頭燃

燒成小火炭時，工作人員再用竹竿將其攤平，於火炭上撒上厚厚鹽，並由法師開火門後，引領信眾打赤腳、手捧神像，先從橫向踏火而過，接著在直向二度踏過火堆，直接迎請神像入廟安座。學甲慈濟宮的過火儀式，除了請信眾協助迎請神像過火之外，也開放讓信眾參與過火，等要過火的信眾都過完後，法師隨即行法關閉火門，完成整個過火儀式。

■ 慈濟宮的踏火是然燒「竹仔頭」。

■ 信眾幫忙迎請慈濟宮的神尊來踏火。

■ 第六節　將軍玉天宮過火儀式

　　將軍玉天宮位於將軍區的下山仔腳，此「山仔腳」並非指真正的山，當是指海邊沙洲－「汕」。下山子腳是以主祀玉天大帝的玉天宮為信仰中心，每逢子、卯、午、酉年的玉天大帝聖誕時，都會有過火儀式。

一、玉天宮沿革

玉天宮奉祀主神玉天大帝,是清康熙年間由下山腳下吳姓先祖吳挺與吳降,從祖居地泉州晉江縣溪頭的玉天宮,迎奉渡海來臺,當初共迎奉來臺的有玉天大帝、正君大帝、神童、神駒、玉皇相府玉璽等神像文聖物。清光緒21年(1895),中日甲午戰爭中國戰敗,日軍來臺以武力鎮壓百姓,當時庄民吳庚等,遂將玉天大帝等神尊,隨家人逃往蕭壠庄並藏身於宅溝內避難,後得神示改往潭墘、後港等地,因得以避開蕭壠大屠殺之禍。

當時在逃難之時,因疏忽不慎將玉天大帝神像遺落他處,經移居蕭壠庄之吳見智,探得為一捕魚孩童所拾得,方能將玉天大帝迎回,並於1901年由耆老吳侃、吳道等為首,募款倡議於今址簡建公厝奉祀諸神,直至1929年重建磚造廟宇時,

■ 將軍玉天宮每逢子、卯、午、酉年,會至將軍溪河口溼地請水。

方定廟名為「玉天宮」。1977年因玉天大帝神威顯赫，香火鼎盛，信眾俱增，原有建築狹隘不敷所需，於是地方成立重建委員會，由吳篙擔任主委展開興建廟宇之工程，1979年廟宇興建竣工落成。

二、玉天宮的過火儀式

玉天宮主神玉天大帝，為先民自祖居地泉州晉江玉天宮迎請而來，故每逢子、卯、午、酉年，農曆11月12日玉天大帝聖誕之時，廟方便會至將軍溪河口溼地，舉行遙祭祖廟祭典暨請水儀式，表現出飲水思源之精神，祭典結束後下午會展開巡庄繞境，晚上則進行謝神拜天公儀式，並於隔日進行造橋過限與過火儀式。

玉天宮過火的儀式，是由法師與乩童還有手轎來主導進行，舉行過火儀式的地方是在廟埕，由於廟埕是水泥地，故會先舖上一層沙土，才再於土上堆起「竹仔頭」的柴堆並點火燃燒。當柴堆燃燒之時，法師亦同時進行相關過火科儀，待柴火堆燃燒成小火炭，工作人員會以竹竿將其擊碎與舖平，然後於炭火上撒上厚厚的一層鹽以降溫。

當法師火門一開，即率領乩童、手轎、四輦轎、手捧神像的信眾陸續赤足踏火而過，由於手捧神像參與過火的的信眾眾多，工作人員則需要不時的往炭火上撒鹽，以確保過火的安全性。玉天宮除了開放讓信眾迎請家中的神像過火外，最後也會開放讓信眾來過火，參與過火的信眾，會先鑽過四輦轎轎腳後，再赤足踏火而過。這場過火儀式雖然是3年才舉行1次，

■ 法師於火堆五方，放神明敕寫的過火符。（周宗楊提供）

■ 將軍玉天宮四輦轎，赤足踏火而過。（周宗楊提供）

但由於參與人數眾多，加上廟方的大力宣傳，總會引吸許多喜愛民俗攝影的朋友前來拍攝記錄，成為臺南地區著名的過火儀式之一。

■ 第七節　二層行與大甲地區的過火儀式

　　「二層行」與「大甲」兩地相鄰，位於臺南市仁德區的西南隅，是臺南市目前舉行過火科儀較為頻繁的地區之一，也涵蓋多種過火形態。「二層行」地名於鄭氏時期已出現，鄭氏〈臺灣軍備圖〉記為「二贊行」，鄭氏〈臺灣地圖〉記為「二層營」，清・高拱乾《臺灣府志》〈總圖〉有繪記「二層行」。[7]

7　林聖欽等，《臺灣地名辭書卷7臺南縣》（南投：臺灣省文獻委員會，2000），頁474。

一、二層行與大甲的廟宇概述

　　二層行以「清王宮」為大廟，其轄境分為大王角－「二層行」、二王角－「港崎頭」、三王角－「塗庫」，二層行除清王宮外另有一廟「公堂」，港崎頭則有廟「萬龍宮」，塗庫亦有廟「觀音寺」。「大甲」位於「二層行」西方，兩庄緊臨，開發亦甚早，鄭氏時期屬文賢里大甲庄，[8]大廟為「慈濟宮」，祭祀圈分為「姓盧角」、「東角頭」、「西角頭」、「中頭」等，當地人稱為「大甲四角頭」。

　　目前「二層行」與「大甲」地區，除此上述廟宇之外，尚有外地移入的「山頭社澤清宮」、「二甲北極殿」與私人神壇數間。

■ 二層行與大甲主要廟宇位置圖。

（一）二層行清王宮

　　清王宮原稱「清王廟」，該宮的建廟緣由，據說此地原有鄭氏時期的文官進士「楊大陣」之墓，庄民感念其開發地方之功經常至墓前祭拜，再加上神威顯赫、有求必應，清嘉慶3年（1798）時興建廟宇奉祀。由於廟中所祀為鄭氏時期文官進士楊大陣，為避崇明反清之嫌，於是稱楊大陣為「清」府千歲，廟宇也以「清王廟」稱之。目前廟中所祀的三府千歲，即大千

8　林聖欽等，《臺灣地名辭書卷7臺南縣》，頁475。

歲朱府千歲（鄭成功）、二千歲謝府千歲（謝岩）、三千歲清府千歲（楊大陣），都是與此地區開發相關的明鄭官員。[9]今廟為1990年，鑒於廟格局較小，動土開工興建，1997年農曆十一月竣工，並於同年農曆十二月舉行慶成大典。

（二）二層行公堂

公堂奉祀主神大聖爺公，陪祀先鋒武秦王、洪元帥、大小仙姑、虎爺公等列位尊神，傳大聖爺公係三百多年前，由福州福安地區人士攜帶來臺供奉，早期並無固定處所奉拜，而是隨先人足跡四處遷徙，後來因二層行楊姓祖先楊知屎的父親奉祀過大聖爺公，因而擇於本庄駐駕。早期二層行庄內，家中有小孩的都會前來祈求大聖爺公庇佑平安，因此神蹟顯赫，香火逐漸鼎盛而受庄民所重視，遂以簡易小瓦屋建物予以供奉，當時稱小瓦屋為「瓦間仔」，而後庄民視「瓦間仔」，為公共處所之公有物，故稱「公堂」。今廟貌為2017年整修竣工。

■ 大甲慈濟宮。

■ 二層行公堂。

9　吳明勳、洪瑩發，《臺南王爺信仰與儀式》（臺南：臺南市政府文化局，2013），頁148-149。

臺南過火儀式

（三）港崎頭萬龍宮

港崎頭萬龍宮主祀二府千歲，[10]相傳明永曆年間，由湖內草仔寮庄李氏先祖自四川奉請香火來臺，20世紀初期港崎頭辛姓家人因病，其妻前往乞香火迎回供奉，因神明靈驗進而雕塑神像奉祀。1975年初建公厝廟堂「二王壇」，1978年於今址動工興建廟宇，1984年改廟名「萬龍宮」，1985年竣工入火安座。1991廟前旗桿豎立後，奉玉旨代天巡狩爽、靐、殷、霙、須、金、張、闕、溫、韓、劉、虢、陳、吳、潘、馬、洪、童童、夅、甘、盧、嬰、赤、壽、曾、龔、岳、龍、譚、林、倪、姜、柳、疂、袁、李等三十六進士相繼降臨，1992年萬龍宮將三十六進士王令，分別安置於36艘小王船上，送船出海恭送代天巡狩三十六進士出巡。隔年1993年，萬龍宮除建造王船永祀廟中外，又於年底時啟建五朝王醮，建造王船恭送二府千歲出巡，[11]2017年時萬龍宮再度啟建五朝王醮。

（四）塗庫觀音寺

觀音寺主祀觀音佛祖，清道光年間由大岡山超峰寺分香而來，庄民稱大岡山超峰寺觀音佛祖為「大佛祖」，塗庫觀音寺觀音佛祖為「二佛祖」。大岡山超峰寺分香初期，「二佛祖」是以梣選爐主方式輪祀，並於每年農曆3月13日分香紀念日，回大岡山超峰寺進香，返庄過火後方舉行梣選爐主。

10　二府千歲曾降乩表示受敕封為「代天七巡王爺」。
11　港崎頭萬龍宮，〈鎮殿王船沿革〉碑誌，1993。

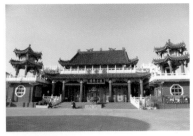

■ 港崎頭萬龍宮。　　　　　　　　■ 塗庫觀音寺。

　　1980年「觀音二佛祖管理委員會」成立，依舊保留杯選爐主制度，整個觀音二佛祖的祭祀管理更加周全，1991年塗庫觀音寺正殿興建竣工，當年農曆2月2日進行入火安座，1995年全廟建設完工，並於農曆10月26日舉行慶成大典。

（五）大甲慈濟宮

　　大甲慈濟宮主祀保生大帝（吳真人）、二大帝（許真人）、三大帝（孫真人），陪祀中壇元帥、田都元帥、註生娘娘、福德正神等神祇。相傳鄭氏時期永曆15年（1661），先民吳必川由福建，迎奉保生大帝金身渡海來臺，因吳必川並未娶妻氏，後改由許姓家族恭奉，清康熙53年（1714）時建廟。[12]另一種說法，相傳康熙52年（1713），大甲庄流行癘疾，庄民乃協議前往高雄市湖內區圍仔內庄「月眉池慈濟宮」，奉迎保生大帝神像返回庄內繞境祭拜，為民祈求平安，瘟疫因而告絕，庄民鑒於保生大帝神威顯赫，於清康熙53年（1714）共推耆老許清吉

12　薛中田，〈臺南縣仁德鄉大甲慈濟宮沿革〉碑誌，2003。

發動募款建廟，奉祀保生大帝。[13]

（六）山頭社澤清宮

　　澤清宮主祀保生大帝，陪祀池府千歲、中壇元帥、註生娘娘、福德正神，三十六元帥等神祇。保生大帝相傳神靈來自福建廈門灌口深青里澤深宮，清康熙51年（1712）建廟於府城南郊許丹坑山頭社處，後遷廟於今86號快速道路與鳳山娘廟路橋交叉處西邊。日大正4年（1915），謝、許、邵、李、辛、陳、盧七姓人家，為了生活方便陸續遷往大甲，導致山頭社廢庄。日大正8年（1919）於今行大街341號26號西側處復建廟宇，1971年因廟宇年久失修，破舊不堪，耆老李進財、許金水、辛萬能等倡議重建，庄民許興旺捐獻廟地（今廟址），於當年動工興建，至1972年竣工，並改廟名為「澤清宮」，為溯源創建於「山頭社」，特於廟名前又加上「山頭社」舊地名，今廟貌為2005年動土重建，2009年竣工。

■ 大甲慈濟宮。

■ 山頭社澤清宮。

13　仁德萬龍宮文史工作室，《仁德鄉港崎頭志》，（仁德萬龍宮，2001），頁75-76。

（七）二甲北極殿

「二甲」原為臺南機場南邊之廢庄，其屬仁和里第二甲，故名「二甲」，清末時廢庄。[14] 二甲北極殿主祀玄天上帝，據《仁德鄉志》記載，二甲北極殿創建於清道光2年（1822），當時二甲庄癘疾肆虐，庄民惶恐，信徒由仁德里嵌頂白崙仔上帝廟奉請玄天上帝到本庄繞境，祈求境內平安，不久瘟疫旋即告絕，庄民為感念玄天上帝之神澤，遂由吳達、葉祿等人倡議醵金建廟奉祀。

日治時期，二甲庄廢庄，庄民蔡豬哥、池鶱、宋硯及宋長等人舉家遷居大甲庄，蔡豬哥並奉迎該廟玄天上帝神像於家中朝拜，不久，蔡豬哥等四人商議建廟，因當時四家經濟拮据，乃建土磚小廟奉祀，後因該廟年久失修，有傾圮之慮，1957年，再由上述四家之後裔池萬生、蔡錦全、宋萬成、宋萬壽、宋長等人捐資重建，然因當時仍礙於經費不足，故規模較小。至1975年，再度倡議鳩資擴建成今廟。今廟址位於市場上方，據《仁德鄉志》記載與地方耆老口述，廟內主要信徒為原大甲庄移民之後裔及今日市場附近之商人，亦有部份經費來自市場之收益。[15]

二、二層行與大甲地區的過火儀式形態

二層行與大甲地區，凡舉行大型祭典繞境或例行的巡營繞

14　林聖欽等，《臺灣地名辭書卷7臺南縣》，頁480。

15　中央研究院，文化資源地理資訊系統，2018年3月14日，檢索取自http://crgis.rchss.sinica.edu.tw/temples/TainanCity/rende/1127015-DJBJD

境，都會舉行過火儀式，以往大都以「過柴火」形態為主，而「過柴火」形態又可從儀式中是否有撒「鹽」或「香末」，分為「過青火」與「過熟火」兩種形式，無撒「鹽」或「香末」稱為過「過青（生）火」，反之則稱為「過熟火」，二層行與大甲地區是以後者為主，但隨著時代的改變，該地區也出現了「過火稜（龍）」、「過蕃薯稜」、「過金紙火」等方式的過火。

■ 二層行與大甲地區，過火以「過柴火」形態為主。

每年農曆2月的第二個週六、日，是二層行清王宮舉行「謝公愿」一系列祭典儀式的日子，儀式包括謝公愿拜天公、安營繞境、煮油除穢、過火、過七星平安橋、乞平安龜、發財金等。

清王宮的過火儀式進行的地方，是在廟的右前方草地上，過火所用的木柴是「銀合歡」，由於該地區過火是屬常態性，故踏火場旁有堆放「銀合歡」乾柴的倉庫，隨時供貨給要舉行過火的廟宇。

農曆2月的第二個週六下午，清王宮踏火場早已堆放起過火所需的木柴，而廟中未乘轎參與安營繞境的神像，也幾乎全部被一一請到踏火場的儀桌上，待安營繞境的神轎來到踏火場後，法師開始進行科儀，點燃柴火，並調來五營兵將安鎮五方，

■ 清王宮大王轎，以神轎倒退走進行過火，是其特色之一。

不讓邪祟侵擾，以確保過火儀式進行能過順利平安。

　　為加速木柴燃燒的速度，儀式中不時可見工作人員，將「香末粉」，往柴堆裡撒以助燃，當柴堆燃燒殆盡時，工作人員再以竹竿將火柴堆鋪平。儀式於法師，開啟火門後，由持紅、黑旗人員的引領下，人人皆打赤腳，扛轎的扛轎，手捧神像的捧神像，守序的踏火而過，在眾人過火之時，也可見工作人員往火堆中撒鹽，就民間信仰而言，鹽有潔淨驅煞之效與過火潔淨的意義相同，而從科學角度而言，撒鹽有降溫之功能。待眾人踏火而過後，法師隨即關閉火門謝壇，不再讓閒雜人等踏火，而過完火的神轎與神像回廟後，也一一請入廟中進行安座。

　　在二層行與大甲地區，早期大都是屬這樣的過火形態，而在筆者的田調記錄裡也發現一種改良式的踏火。2017年5月21日，大甲的私壇「祖帝堂」，往南鯤鯓代天府進香回鑾，在入廟前於大甲的踏火場「大堀」，進行了過火儀式。儀式同樣是

焚燒柴堆，並由法師進行開火門相關科儀，唯不同的是，當柴堆燃燒殆盡時，工作人員卻以竹竿將柴火往兩邊堆，原燃燒的柴堆中央直接見土成為一走道，此時所有的人，捧著神像或抬著轎，並無脫鞋打赤腳，直接從中間走過。這種穿著鞋子，從柴火燃燒過的地上走過的方式，算不算過火雖然有點爭議，但燃燒的柴火還是堆放在兩旁，故從民間信仰的觀念來說，仍然還是有藉炭火之威（熱氣），來潔淨的功能。

　　早期港崎頭萬龍宮的過火儀式，也是以踏過柴火為主，但在2017年的五朝王醮送王船後的過火，卻是「過火稜（龍）」

■ 大甲祖帝堂，往南鯤鯓代天府進香回鑾過火儀式。

■ 港崎頭萬龍宮2017年五朝王醮過火稜（龍）。

的形態，「火稜」又稱「蕃薯稜」，[16]萬龍宮的過火稜還是以柴火為主，在法師進行清壇、點火、安鎮五方結界後，將燃燒的柴火，推入事先挖好的長形土溝中，行成一筆直火溝，稱為「火稜」，火門一開後，在前鋒與黑、紅旗引領下，眾人或扛轎、或手捧神像，雙腳踏地於火龍兩旁行走，神轎、神像由火堆上而過，然後由法師進行關火門，完成過火稜儀式。

同樣於2017年舉行慶成建醮的二層行「公堂」，在境入廟前舉行的過火儀式，也是過柴火的「火稜」，與萬龍宮所不同的是，它的火龍並非將燃燒的柴火推入土溝中，而是直接堆成長條形「稜」狀土堆，同樣的人雙腳踏地於火龍兩旁行走，神轎、神像由火堆上而過。

另一種過火稜的形式，不是用柴火，而是屬過金紙火的形態，直接用金紙堆成一直線，再點然金紙成為「火稜」，同樣的人從火稜兩旁行走，神轎與神像由火堆上而過，唯金紙燃燒火燄較大，紙灰亦會隨風亂飄，較有危險性，大甲慈濟宮每年農曆3月15日，傍晚繞境結束前的過火形態，在前幾年筆者在田調時，就是屬過這種金紙火稜，而在2018年時的過火，則改成踏柴火儀式。

在大甲當地過金紙火的方式，除上述「過火稜」形態外，還有一種是過「七星金紙火」，以2017年大甲私壇「玉旨范王府」往花蓮慈惠總堂謁祖參香開光回駕為例，廟方人員先準備

---

16 「蕃薯稜」，即種蕃薯的長條形土堆，將燃燒後的柴炭推成條稜狀，亦稱「過蕃薯稜」。

■ 大甲慈濟宮過金紙火稜（龍）。　　　■ 2017年大甲玉旨范王府過七星金紙火。

了七個金屬臉盆，裡面摺滿金紙，待神明回駕時，經由太子爺四駕指示，將七個臉盆於路上排出七星形式，再由儀式執行者點燃「七星金紙火」，所有人員與神轎，依序由七個金紙火上通過，完成「過七星金紙火」儀式後回壇安座。

▌第八節　龍崎山區的過火儀式

　　龍崎舊稱「番社」，其「番社」之名來自其原平埔族西拉雅系新港社族人，遷移於牛埔及大坪一帶居住而得名，在清朝初年屬「臺灣府臺灣縣新豐里」轄域，1887臺灣建省後，屬「安平縣新豐里」，日治時期初期屬「臺南廳關帝廳支廳新豐區」，1920年臺灣地方制度改革，才取「龍船」和「崎頂」之首字為庄名，稱「龍崎庄」屬「臺南州新豐郡」所轄，「龍崎」之地名也因此沿用至今。

　　龍崎位於臺南市東南隅，地處阿里山脈丘陵地帶，北臨新

化及左鎮，東接高雄內門，西與關廟區接壤，南銜高雄市田寮。由於地形位於海拔80至351.65公尺高的丘陵地帶，地勢東陡西緩，因此各處地形各異，展現出不同景緻特色，例如地勢較低的崎頂等地，屬黃砂土地質，景觀則多為青蔥山林，而海拔最高的龍船窩，則可俯瞰大片青灰岩之草木不生的月世界惡地，相當特殊，也成為著名地形景觀光觀區。[17]

　　龍崎各聚落分布於山林、丘陵之間，許多聚落在神明聖誕或廟會慶典期間，都會舉辦過火儀式，這區域舉行過火儀式的範圍，以龍崎為中心往外擴來看，包括了高雄內門、左鎮、南化等，與龍崎鄰近地區的聚落，都還是會有過火儀式的舉行，例如著名的國指定民俗「羅漢門迎佛祖」，不管是內門紫竹寺或是南海紫竹寺舉辦，在最後一天繞境結束，都會舉行過火儀式；南化的心子寮天后宮於每年農曆2月19日觀音佛誕和3月23日媽祖聖誕，也都會舉行過火儀式；左鎮過嶺天后宮往北港進香回鑾，也會舉行過火儀式；左鎮二寮柑仔園北安宮，每年農曆2月10日顧夫人媽聖誕，亦會舉行過火儀式。

　　由於龍崎屬丘陵山區，聚落分散，常居人口鮮少，不易尋得居民訪問田調，本文共紀錄了烏山頭清泉寺、中坑代清宮、苦苓湖龍湖宮、石磉龍安寺、蜈蜞埔龍西宮、後陸溪超峰寺、龍船紫竹寺等廟的過火儀式，而在有限的時間內，加上有些廟宇都在同一日同時間舉行，故難免還是遺漏掉一些龍崎廟宇的過火儀式，例如清水祖師誕，烏山頭與牛埔，還有大溪尾與大

17　林聖欽等，《臺灣地名辭書卷7臺南縣》，頁387。

■ 羅漢門迎佛祖繞境結束，入廟前都會舉行過火儀式。

坑尾等，幾乎是同日同時舉行，只能擇一地記錄。

一、烏山頭清泉寺踏火儀式

　　烏山頭清泉寺主祀清水祖師、關聖帝君、天上聖母，據傳清水祖師與關聖帝君為先人早期從福建迎奉渡海來臺，天上聖母則原為「半坪」卓家祖厝，所奉之清嘉慶3年（1798）的錫製北港媽祖香火，後來才雕塑媽祖金身來奉祀，三尊神像最後合壇供庄民參拜。

　　日治時期三尊神像奉祀於郭家祖厝中，皇民化運動時，地方耆老另雕三尊神像繳交焚毀，原三尊神像改移至於卓家祖厝藏於牆壁之內，使開基神像能免於浩劫。戰後，三尊神像移奉於蔡家祖厝，後又移祀於盧家祖厝，直至1997年肇基立地，興建臨時宮廟定廟名「清泉寺」，2006年動工興建廟宇，2014

年1月15日竣工入火安座。

　　清泉寺主祀清水祖師，清水祖師聖誕本來是農曆正月6日，但在現代工商社會裡，春節假期大都休到農曆正月5日，故廟方為了讓信徒能夠參與清水祖師聖誕，一方面也有人手來協助祭典的舉行，故把祭典往前移了一天，於農曆正月5日來慶祝清水祖師聖。

　　每年農曆正月5日的下午，也是烏山頭清泉寺舉行過火儀式的時間，中午舉行平安宴後，廟方人員會將三尊開基的清水祖師、關聖帝君、天上聖母神像，請出神龕安分別安置於3頂四輦轎上，其餘的神像則由其他執事人員雙手捧著，在法師與乩童的帶領下前往廟前的過火場，來舉行過火儀式。

■ 龍崎烏山頭清泉寺主祀清水祖師。

■ 烏山頭清泉寺，於農曆正月5日舉行過火的儀式。

烏山頭清泉寺所進行的是「踏火」形態的過火儀式，所使用的木柴是就近取材的龍眼樹樹枝，龍眼樹樹枝燃燒速度較快，火勢一下子就將其燃燒成小火炭，此時工作人員拿著竹竿將這小火炭攤平，法師則手持五營旗、七星寶劍與法索，調來五營兵將安鎮過火場五方，並向火堆撒上些許鹽與淨水，做為潔淨，並依當年「大利」方向開啟火門，引領乩童、四輦轎、手捧神像之執事人員赤腳踏火而過。在所有人員完成第一次過火後，法師又引領所有人員，依第一次過火的垂直方向，再度赤腳踏火而過，接著再依第一次過火的方向，逆向完成第三次過火，所有人員完成三次的過火，法師隨即關閉火門，返回清泉寺恭請所有神像安座，完成一年一度的過火儀式。

二、中坑代清宮過火儀式

中坑代清宮主祀清水祖師，原名「祖師公壇」，據傳乃鄭氏時期當地的林氏、沈氏及黃氏等先祖由大陸攜帶金身來臺供奉，初時，僅以簡易神壇供奉。日治時期，日本政府除神運動，當地居民為恐神明遭劫，遂趁日人前來之際，由沈氏家族成員順利將金身藏匿，祖師公金身才得以倖免於難。1950年代初期，地方信眾為利於奉祀，由余天生發起捐款建廟，是為中坑代清宮，今廟貌為1993年重建。[18]

代清宮的過火儀式，是在農曆正月6日，主神清水祖師聖

18 中央研究院，文化資源地理資訊系統，2018年5月6日，檢索取自http://crgis. rchss.sinica.edu.tw/temples/TainanCity/lungchi/1130003-DQG/view

誕當日的下午來舉行。當日午後，廟埕上搭起了一座鐵橋，橋下放者一燃燒淨香末的鼎，在過火之前，法師會先進行「造橋過限」科儀，為所有信眾來進行過12生肖的關煞，所有要參加「造橋過限」的民眾，會先向廟方買一紙做的替身，再由法師引領下排好隊，依序過橋來過關度厄。

　　「造橋過限」結束後，法師來到過火場準備進行過火儀式。中坑代清宮的過火儀式屬「踏火形」的過火，所用之木柴也是就近取材的龍眼樹樹枝，當柴火燃燒殆盡，法師拿著竹竿將其攤平，並調來五營兵將，安鎮過火場五方，撒些許鹽於灰燼之中，此時廟方執事人員，也在頭旗大鼓引領下，手捧廟中的神尊，赤腳步行前來踏火場。待法師火門一開，角鼓一吹，眾人在法師與頭旗引領下，手捧著神尊，依當年的大利方向赤腳踏火而過，接著再依第一次過火的垂直方向，再度踏火而過，共過火兩次後，法師隨即關閉火門，將所有神尊迎回廟中安座，隨後即於廟前進行犒賞兵將科儀。

■ 代清宮的過火前先舉行「造橋過限」科儀，為信眾消災解厄。

■ 代清宮於農曆正月6日，主神清水祖師聖誕當日舉行過火儀式。

臺南過火儀式

三、苦苓湖龍湖宮踏火儀式

　　龍湖宮主祀池府千歲，陪祀中壇元帥、福德正神、仙姑媽，據傳主神池府千歲乃鄭氏時期苦苓湖卓家先祖攜帶來臺。清朝雍正年間，卓氏家族從歸仁二甲地區遷至龍船村的苦苓湖，池府千歲也隨之迎奉而來，並於當地設壇供奉，供民眾求神問卜、尋醫問方，因香火日盛，漸成為當地居民信仰所在。日久，民眾有感神蹟靈驗，於是在1987年於今址處興建廟宇。

　　龍湖宮為大坪、石磘、牛埔、龍船等地的信仰中心，其境內均有民眾信奉龍湖宮池府千歲，昔日曾有「天公戲輪演」的民俗慶典活動，即地方上為表達對龍湖宮池府千歲的虔敬，特別由八角頭每年輪流負責主辦天公戲，堪稱是龍崎一大盛事，並持續至戰後。[19]

　　苦苓湖龍湖宮主神池府千歲，其聖誕日為農曆6月18日，但因農曆6月時常遇到颱風或山區午後大雨，造成信徒的參與祭典的不便，故改定為每年農曆正月15日元宵節前的週日來舉行祭典，當日廟方也會舉辦平安宴與過火儀式。

　　過火儀式舉行的時間大約在下午4點多，其過火儀式是屬「踏火形」的過火，所用之木柴也是就近取材的龍眼樹樹枝，由於苦苓湖龍湖宮有宋江陣的陣頭，故過火儀式舉行之時，有許多「宋江腳」[20]前來幫忙，算是龍崎地區較多人參與過火儀式的廟宇之一。由於人手多，故其將池府千歲等神像，迎奉至八

19　中央研究院，文化資源地理資訊系統，2018年5月6日，檢索取自http://crgis. rchss.sinica.edu.tw/temples/TainanCity/lungchi/1130008-LHG

20　「宋江腳」是指宋江陣的組織成員。

■ 苦苓湖龍湖宮主神池府千歲。

抬大轎之內，來進行過火儀式，除此之外尚有一「福德正神」土地公乘坐四輦轎參與過火。

是日，當神明降駕於乩童身上後，法師引領全員來到過火場，先於木柴燃燒成炭的炭火堆旁行法，調來五營兵將安鎮五方，乩童亦於五方來操五寶進行結界，同時工作人員也以竹竿將炭火堆攤平。待法師火門一開，引領著乩童、神轎、四輦轎、信眾等，依今年的大利

■ 苦苓湖龍湖宮，於每年元宵節前的週日舉行過火儀式。

■ 苦苓湖龍湖宮，土地公乘坐四輦轎參與過火。

方向赤腳踏火而過，隨後再以第一次過火的垂直方向，進行第二次的踏火，兩次過火完成，法師隨即於火堆四周行法關閉火門，最後再迎神回廟安座，完成過火儀式。

四、柑仔園北安宮與石碑龍安寺踏火儀式

柑仔園北安宮雖位於左鎮，但其位置剛好與石碑龍安寺所在聚落相鄰，兩廟皆主祀顧夫人媽。顧夫人媽原是李姓先祖所奉祀，神威顯赫成為臨近地區庄民所信仰，後為讓祭祀方便柑仔園北安宮分得古爐，石碑龍安寺分得神像，建廟奉祀，因柑仔園北安宮位於石碑龍安寺上方，故柑仔園北安宮有「頂顧媽」之稱，而石碑龍安寺則稱「下顧媽」，兩廟亦同皆陪祀謝府元帥與觀音佛祖。

顧夫人媽的聖誕日期為農曆2月10日，石碑龍安寺是提早於生日前的週六、日假日，來舉行祭典與過火儀式；雖然柑仔園北安宮仍然保持在農曆2月10日顧夫人媽的聖誕來舉行過火

■ 柑仔園北安宮的過火儀式。

儀式，但它的祭典與進香日期，也已改至聖誕日前的假日來舉行。

　　柑仔園北安宮過火儀式是在農曆2月10日下午3點許舉行，其過火儀式是屬「踏火形」的過火，所用之木柴也是就近樹木樹枝，儀式同樣的是當柴火燃燒殆盡時，工作人員拿著竹竿將其攤平，由法師調來五營兵將，安鎮過火場五方，並撒鹽於炭火之中，接著法師火門一開，引領頭旗、爐主、顧夫人媽輦轎、謝府元帥輦轎、手捧神像之人員等，赤腳踏火而過。柑仔園北安宮的過火共3次，第1次過火方向為當年大利方向，第2次過火則為第1次的垂直方向，第3次則與第1次同方向。

　　石礶龍安寺的過火儀式是約下午4點來進行，其過火儀式也是屬「踏火形」的過火，所用之木柴是就近取得的竹子。在進行過火前，法師會先將一靈符化於水桶中，讓要參與過火的人員來潔淨雙腳，以保過火時無傷。龍安寺參與過火的神尊計有顧夫人媽、觀音佛祖、謝府元帥、福德正神、虎爺等，其中顧夫人媽、觀音佛祖、謝府元帥分乘3座輦轎，福德正神、虎爺則由廟方人員手捧著。

　　由於龍安寺使用的過火木柴為竹子，經大火燃燒後幾乎成灰。法師手持五營令旗、法索、七星劍，口中持咒調兵安鎮，並領頭旗、乩童、輦轎、執事人員等，環繞火堆而行，至當年大利方位處，放過火符、撒鹽，行開火門之法，火門一開隨即領所有人員依序赤足踏火而過。龍安寺的過火共2次，第1次過火方向為當年大利方向，第2次過火則為第1次的垂直方向，2次過火完後，法師隨即行法關閉火門，引領所有人員回廟進

■ 龍安寺乩童操刺球赤足踏火。

行神明的安座。

五、蜈蜞埔龍西宮過火儀式

　　蜈蜞埔龍西宮主祀神農大帝，相傳明末清初之時，林家由福建永春迎奉渡海來臺，定居於蜈蜞埔，日治時期曾將金身奉於牛稠仔內，後因颱風吹毀牛稠仔以至金身遺失。數載後，庄民林春夏因身得皮膚病，四處求醫無效，一日忽然夢得神農大帝指示，該金身失落於東北方處叢埔芎樹頭處，醒後依指示前往找尋，果真尋得神尊，經眾人協議修整神像後重新開光奉祀，而林春夏之病亦得痊癒。神農大帝神威顯赫護佑庄民，經召開信徒大會，籌組興建委員會興建廟宇，1993年竣工廟名定為「龍西宮」。

　　蜈蜞埔龍西宮神農大帝聖誕，是在農曆2月15日，與龍崎

大部份庄頭的廟宇一樣，是日中午廟方皆會辦平安宴，來供前來祝壽拜拜的友宮執事與信眾享用，而下午則會舉行過火儀式，其過火的時間則是向神明「問桮」來決定。

　　龍西宮的過火儀式，是屬於過「烘爐火」的形態，其共準備了7個「烘爐火」，亦稱「過七星火」，但擺放的方式並非常見的七星排列方式，而是如同內門迎佛祖所過的「七星火」方式，由中間「烘爐火」為基準點，朝當年大利方位兩方各放兩個「烘爐火」，形成該年大利方向由五個「烘爐火」排列成一條線，再於中間「烘爐火」兩旁各放一個「烘爐火」，7個「烘爐火」形成一個十字狀的排列。

　　而參與過火的有一頂四輦轎與數位廟方人員手捧著神尊，較特別的是，四輦轎上並無神尊，而是綁一疊金紙輦轎於上，

■ 蜈蜞埔龍西宮主祀神農大帝。

■ 7個「烘爐火」形成一個十字狀的排列。

上書「神農大帝」，除此之外其餘的廟方人員，則在旁敲著鑼鼓以增加儀式的熱鬧。

過火儀式是由法師來主導進行，雖然進行的不是「踏火」形態的過火，但所有要「過七星爐火」的人員，還是跟「踏火」一樣打著赤腳。儀式一開始法師先於十字形爐火的四端與中間爐火處，調請兵將前來安鎮，接著開起火門，引領四輦轎與手捧神尊的人員，先依當年

■ 四輦轎上並無神尊，而是神農大帝「金封」。

■ 蜈蜞埔龍西宮的過火，是過十字爐火。

大利的方向，跨過5個爐火，然後再跨越另外垂直方向的3個爐火，最後再依第一次過火的方向，逆向跨越過5個爐火，完成過火儀式，法師在關閉火門後，即引領所有人員回廟，進行神明的安座。

第六章

臺南過火儀式田野調查（2）——過七星平安橋

■ 第一節　七星平安橋

　　民俗中有所謂「落土時八字命」，人從一出世，生辰八字也就固定，也在「八字」的運程裡，注定了這人在未成年時，就會沖犯的「小兒關煞」，與成年後所會沖犯到的12生肖流年星煞。常見的小兒關煞有36關煞，分別是「四季關」、「將軍關（箭）」、「鬼門關」、「金雞關」、「閻王關」、「鐵蛇關」、「短命關」、「白虎關」、「夜啼關」、「百日關」、「撞命關」、「深水關」、「浴盆關」、「雷公關」、「金鎖關」、「直難關」、「急腳關」、「無情關」、「四柱關」、「湯火關」、「天吊關」、「水火關」、「天狗關」、「五鬼關」、「雞飛關」、「落井關」、「埋兒關」、「和尚關」、「休庵關」、「千日關」、「吞啖關」、「血盆關」、「取命關」、「斷腸關」、「開鎖關」、「斷橋關」等。而12

生肖所會沖犯的流年星煞分別是「太歲」、「太陽」、「喪門」、「太陰」、「五鬼」、「小耗」、「歲破」、「龍德」、「白虎」、「福德」、「天狗」、「病符」。

　　從科學角度來看，這小兒36關煞顯示的是孩童在長大成人的過程，常會遇到的關卡（傷害），當然並非所有的人一出生就帶有著36關卡，是需從出生的年、月、日、時四柱八字中，去推斷可能沖犯的關煞，此36關煞也有提醒父母在養育小孩過程中，需去更加注意小孩可能會發生的一些傷害，而在民俗裡也可透過「過關過限」儀式，來「祭解」這些關煞，來讓父母心裡能更加安心。而12生肖所會沖氾的流年星煞，則涵蓋了所有的人，每個生肖在每年都會有沖犯到一個關煞，這也是目前廟宇常在新年期間，來舉辦「過七星平安橋」讓民眾解運過限的原因。

　　「七星平安橋」主要是因橋下安有七星爐（燈）火而稱之，但有的「七星平安橋」因增加了其它架構或儀式不同而有別的名稱，例如橋的頭尾兩端，設有龍門與虎門，即稱「七星龍虎平安橋」或「龍虎七星平安橋」；而閭山派的紅頭法師，因師承加上古田臨水祖廟前有座「百花橋」，故其造橋過限的法橋，即稱「百花橋」。另如麻豆海埔池王府，在七星平安橋的基本架構上，加上五個城關，即稱「五關七星平安橋」；南鯤鯓代天府於七星平安橋上，架設安置一玻璃纖維強化塑膠製成的蜈蚣，稱之為「蜈蚣陣七星平安橋」；麻豆文衡殿於七星平安橋上，安置龍陣用神龍，稱之為「長壽平安橋」；白河店仔口福安宮，橋面上直接按七星狀挖洞安置七星爐，稱之為「七星爐

臺南過火儀式

平安橋」。

在七星平安橋的材質上，常見的就是鐵的材質與木的材質，而形式上有「拱橋形」、「直橋形」、「ㄇ字形」、「七星形」等，例如正統鹿耳門聖母廟，過年期間的七星平安橋就是「拱橋形」；安平文朱殿於端午節時，進行造橋過限儀式的七星平安橋就是「直橋形」；蘇厝長興宮、西港慶安宮、佳里金唐殿等等，臺南許多廟宇舉行王醮時，環繞著王船的七星平安橋就是「ㄇ字形」；麻豆代天府於過年期間的七星平安橋就是「七星形」。

■ 七星平安橋主要是因橋下安有七星爐（燈）火而稱之。

■ 環繞王船周圍的「ㄇ字形」龍虎七星平安橋。

所謂七星，是指天樞、天璇、天璣、天權、玉衡、開陽、瑤光這北斗七星，七星橋下所設的七座燈火或爐火，就是對應著天上的這七星。《太上玄靈北斗本命延生真經》載：「大聖北斗七元君，能解三災厄。大聖北斗七元君，能解四殺厄。大聖北斗七元君，能解五行厄。大聖北斗七元君，能解六害厄。大聖北斗七元君，能解七傷厄。大聖北斗七元君，能解八難厄。大聖北斗七元君，能解九星厄。大聖北斗七元君，能解夫妻厄。

大聖北斗七元君，能解男女厄。大聖北斗七元君，能解產生厄。大聖北斗七元君，能解復運厄。大聖北斗七元君，能解疫癘厄。大聖北斗七元君，能解疾病厄。大聖北斗七元君，能解精邪厄。大聖北斗七元君，能解虎狼厄。大聖北斗七元君，能解蟲蛇厄。大聖北斗七元君，能解劫賊厄。大聖北斗七元君，能解枷棒厄。大聖北斗七元君，能解橫死厄。大聖北斗七元君，能解咒誓厄。大聖北斗七元君，能解天羅厄。大聖北斗七元君，能解地網厄。大聖北斗七元君，能解刀兵厄。大聖北斗七元君，能解水火厄。」，故人們相信過此七星爐火或七星橋，可潔淨身心、消災解厄，帶來平安順事，這也是「過橋過限」儀式的原理。

「七星平安橋」的最基本的架構就是一座橋，橋可以是簡單的長板凳，或是鐵製組合起來的橋，也可是雕琢華麗木製橋，而橋下擺設牲禮素果與七座爐火或燈火，橋上貼有平安符令或押煞符等制煞符令，這是最基本的七星平安橋架構，在這基本「七星平安橋」的架構上，因法師傳承與神明的指示，也使得「七星平安橋」呈現了多元化的樣式。

而在「過橋解限」的儀式，基本型式是由信眾向廟方買取替身，然後跨過烘爐火，登上七星平安橋，過橋後再將替身交給儀式執行者（法師、道士、手轎…），讓他來為信眾進行祭解，將厄運過度給替身，讓信眾除去厄運，最後再將替身燒化完成「過橋解限」儀式。

所謂「替身」，常見的有草人、紙的12生肖人身、紙的男女人身等等，上面會包裹著「金錢」與「改年經」，「改年經」又稱「解年經」、「解連經」，是一種解厄用金紙，上面畫有靈

寶天尊像，並書有「太上靈寶天尊消災救苦度厄勅令平安所求
如願皆大歡喜法虔誠懺悔解禳度脫身中災厄一一解散勿致災難
之神厄」經文。

■ 七星平安橋也可以是簡單的長板凳。

■ 過橋後將替身交給道士祭解，「哈」
口氣把厄運過度給替身。

■ 第二節　喜樹萬皇宮與灣裡萬年殿的
　　　　　七星平安橋

一、喜樹萬皇宮的七星平安橋

　　萬皇宮是喜樹地區的大廟，主祀葉、朱、李三府千歲，陪
祀天上聖母、觀音佛祖、註生娘娘、水仙尊王、中壇元帥、福
德正神、虎爺等神祇。相傳三府千歲為清乾隆年4年（1739）
喜樹與灣裡地區庄民，共同拾起王船船上所奉祀的神像，清嘉
慶18年（1813）喜樹與灣裡兩庄分廟，喜樹分得王爺神像因而
建廟「萬皇宮」，今廟貌大致為1979年重建，2011年整修。在
曾拾得王船的因素下，喜樹萬皇宮每逢辰（龍）年，就會啟建
12年一次的王醮慶典，而每年農曆8月24日舉行的「海龜醮」，

■ 跨過爐火與水桶，象徵度過水火關。

也會有焚王船送添載的儀式。

　　喜樹萬皇宮於春節期間會架設七星平安橋，提供信眾進行「過橋解厄」，其七星平安橋共分成3個主架構，第1部份是用一方桌形木架，上面放置天上聖母神轎；第2部份也是一方桌形木架，上面設香案奉著葉、朱、李三府千歲；第三部份則是木製的七星平安橋主體，橋前放置一烘爐火與裝水的水桶，橋面繪有七星圖，橋下則放置7座蠟燭燈火，排列成七星狀，橋的護欄則貼有平安符。

　　信眾要過橋解厄，須先於橋頭廟方服務人員處，購買自己生肖的替身，再鑽過天上聖母轎腳與三府千歲神壇，然後跨過橋前烘爐火與水桶，象徵度過水火關，最後走過七星平安橋，由法師進行祭解儀式，將所有災厄度給替身承受，完成過橋解厄儀式。

二、灣裡萬年殿的七星平安橋

萬年殿全名為「灣裡代天府萬年殿」，主祀葉、朱、李三府千歲，陪祀李、池吳、朱、范五府千歲、佛祖、將軍爺、天上聖母、註生娘娘、福德正神土地公、虎爺、中壇元帥等神尊。相傳清乾隆4年（1739）灣裡與喜樹地區庄民，共同拾得王船，船上奉祀有葉、朱、李三府千歲，兩庄因而共同建廟奉祀，後兩庄居民因故分廟，灣裡因分得王船建廟「萬年殿」，而有「王船廟」之名，嗣後廟宇迭有修葺。灣裡萬年殿因有拾得王船，故有啟建王醮的習俗，唯其王醮有請王與送王，但不燒王船，自清時至日治時期，原是每3年便會啟建王醮，戰後改成6年一科王醮，至1984年（甲子科）醮典後，又改成12年一科王醮至今。

灣裡萬年殿亦於春節期間有架設七星平安橋，其七星平安橋共分成3個主架構，第1部份是木頭角材與鐵組合成的七星平安橋主體，橋面是鐵網並依七星形狀張貼有王爺敕過的金紙符令，橋下則是放置7座烘爐火，排列成七星狀，烘爐火之熱氣可直接穿越橋面鐵網，橋的護欄則綁有執事牌與王爺出巡的儀仗武器；第2部份則是用一方桌形木架，上面放置萬年殿王爺神轎；第三部份是奉祀虎爺的神案桌。

信眾要過橋過限，須先於橋頭廟方服務人員處，購買自己性別的男、女替身，再依續踏在橋面的七星符令走過七星平安橋，鑽過萬年殿王爺神轎，最後由廟方人員雙手奉請著虎爺，於信眾身體前後進行祭解，讓所有災厄度給替身承受，完成過橋過限儀式。

■ 萬年殿七星橋橋面是鐵網，並依七星形狀張貼有王爺敕過的金紙符令。

■ 廟方人員雙手奉請著虎爺，於信眾身體前後進行祭解。

■ 第三節　頂大道興濟宮的七星平安橋

　　位於臺南市北區的興濟宮，是臺南地區聞名遐邇的保生大帝（大道公）廟宇，創建於明鄭時期永曆年間（1647～1683），清領時期興濟宮成為輪班戍臺官兵祈安之所。興濟宮於清嘉慶2年（1797）總兵哈當阿、巡道劉大懿重修。清道光11年（1831），太子太保王得祿及鎮道劉廷斌、平慶等再次整修，此二次整修規模均大，所雕刻之木作、石作極為精巧細緻，今廟貌為2005年重修。

　　興濟宮相對於臺南市市區的另一間保生大帝廟良皇宮，因興濟宮位於良皇宮之北方，在北方為上，南方為下的觀念裡，民間於是俗稱興濟宮為「頂大道」，良皇宮為「下大道」。清光緒8年（1882）臺灣鎮道以興濟宮保生大帝賜藥方，使官兵不染瘴癘，於開墾後山有功，奏請晉封祀典，興濟宮於是成為地

臺南過火儀式

方官朔望焚香、春秋祭祀的祀典廟宇，此一事蹟刻於知府周懋琦所獻聯對中。

興濟宮每年春節與農曆6月6日虎爺誕辰之時，都會舉行造橋過限儀式，讓信眾來過七星平安橋消災解厄。興濟宮所架設的為鐵製七星平安橋，橋頭與橋尾前都設有一個烘爐火，橋頭門楣上題有「消災解厄」四字，橋尾門楣上則寫「過關渡劫」，兩個關門以鐵枝相接，鐵枝上貼有「天官賜福」福紙，橋面上鋪有黑布白字的「造橋符」，上面寫有「造起限橋透陽城解

■ 興濟宮每年春節與虎爺誕辰之時，都會舉行造橋過限儀式。

■ 七星平安橋貼有36官將符與禳災度厄經。

厄保平安賜福降祥」等字，橋下則置有七座蠟燭燈火，排列成七星狀，而橋的護欄除貼有36官將符，召請36官將前來護橋除煞外，也貼有「禳災度厄經」，讓過橋信眾得以度過種種災厄。

「禳災度厄經」一般常用有兩種版本，分別是「太上靈寶天真說禳災度厄真經」與「鬼谷祖師先生說禳災解厄真經」，興濟宮七星平安橋所貼的是「鬼谷祖師先生說禳災解厄真經」，

其經文如下：

「鬼谷祖師先生說禳災解厄真經。爾時，祖師先生在雲夢山頭水岩洞，大道真仙萬萬億億及諸天神鬼倅盡來集會，受吾約束。世間若有善男信女或有年災月厄、日災時厄、天羅地網之厄、命窮莫盡之厄、病魔纏綿之厄、落水波淘之厄、虎狼虫蛇之厄、水火盜賊之厄、刀兵血衈之厄、山林樹木之厄、土石橋梁之厄、官符口舌之厄、枷鎖牢獄之厄、雷電霹靂之厄、社稷破財之厄、九曜十纏、病災為禍，伏願令對壇前鬼谷祖師先生真經法度誠懺悔，解禳度脫，身中災厄一一解散，勿致災難之神流連。三界降聖，力道奉祀真經，力思力衛。凡災厄禍患，皆受念誦此經以後，解禳陽世九百六十之災、三災八難、九橫五逆六厄，所求如願，所念平安，出入行藏，所祈有益，所欲從心。于是眾等，聞說此經，皆大歡喜，信受奉行。神禮回避，百禁百忘。朝夕焚啟，奉祀鬼谷祖師先生真聖，禳災度厄，庇佑萬姓人民，平安植福無疆。」

興濟宮的造橋過限儀式，除了七星平安橋主體外，在橋的末端處會搭有一莊嚴神壇，壇上奉祀張天師、保生大帝、南斗星君、北斗星君等神尊。信眾要來過七星平安橋須先向廟方購買祭解物品，這些祭解物品包括自己性別的男、女替身、替身符、改年經、古仔錢、竹蕊香、鼏錢等。據廟方表示，替身與替身符是來轉移厄運，改年經是在解改流年歲運，古仔錢則是象徵買路錢，用來打發幽靈使祭解順利，竹蕊香的竹蕊可吸穢

氣，而製成香則可上達神明表通明意，鬮錢則為兩枚古銅錢，由12條長命線（黑白線各6條）串綁著，這12條線代表1年12個月的厄運劫難，在過完七星平安橋後，法師會持劍將這線割斷，象徵把一切厄運劫難斷開不再纏身，稱為「割鬮」。

當信眾買完這些祭解物品後，須在橋旁排隊等候，待聚集10來人時，法師會以非常長的法索，交給每位信眾牽引成隊，並開始念起12宮生肖咒語，引領眾人跨過烘爐火，走過七星橋，再下橋跨過烘爐火，如此共走三次，而每過一次橋法師都會念4個生肖咒語，三次走完也剛好把12生肖咒語都念畢，也就是所有人所肖的生肖解厄咒都有念到。

■ 信眾手持替身、替身符、改年經、古仔錢、竹蕊香、鬮錢，來過平安橋。

在過完3次七星平安橋後，信眾來到壇前將替身交由法師來祭解，並進行「割鬮」，最後信眾再前往旁邊服務台，蓋保生大帝的大印和淨水灑淨，還有飲平安茶與領平安符，完成整個消災解厄儀式。

在一般過七星平安橋時，如信眾本身不便到現場參與，亦可由家人攜帶衣服前來過橋消災解厄，但如未帶衣服，雖無法

■ 法師引領眾人走過七星橋跨過烘爐火。　　■ 信眾來到壇前將替身交由法師來祭解，並進行「割鬮」。

進行過七星平安橋的解厄儀式，廟方仍會提供「讀疏」方式，將無法到現場過七星平安橋者的姓名、生辰與地址，寫入祈願文疏中，於壇前「讀疏」，並將其焚化傳達上天，為其消災祈福。

■ 第四節　安平文朱殿與正統鹿耳門聖母廟的七星平安橋

一、安平文朱殿的七星平安橋

　　文朱殿俗稱「王爺宮」，位於安平海頭社內，主祀李天王，陪祀文玄大帝、孫娘娘、二蘇王、范府千歲、東寮宮伍福大帝等神祇。主神李天王神威顯赫，太平洋戰爭期間，李天王於戰場上更屢次顯現神蹟，幫助無數臺籍軍人平安歸來，戰爭結束後，全臺各地來廟參拜叩謝者絡繹不絕，也使得李天王信徒遍布全臺各地。

　　文朱殿自清嘉慶3年（1798）創建以來，嘉慶18年（1813）、道光2年（1822），光緒33年（1907）、日昭和7年

臺南過火儀式

（1932）屢有修葺，戰後1966年時改建，1969年完工後，時經30餘年，2004年初農曆甲申年廟頂泥塑嚴重剝落，損及外觀，是年奉旨重修，著手籌備事宜隨即動工修建，斥資鳩工進行，日夜趕工，費時1年餘，至2005年農曆乙酉正月底始告完成。[1]

安平文朱殿於每年端午節五福大帝聖誕的午時，都會舉行過橋過限儀式。文朱殿的平安橋架構主要是2部分，第1部份是七星平安橋主體，橋是由兩張長板凳並排所搭成，橋上貼有天官賜福紙數張，橋下放有1座小型紙橋與一生、一熟兩付牲禮，還有七星烘爐火，此七星烘爐火較為特別，因為烘爐裡面除了有燃燒的炭火外，也會放「雄黃」下去燒，頗有端午應景的味道；第2部份則是木板搭起來的平安城門。

■ 七星烘爐火放「雄黃」下去燒，頗有端午應景的味道。

■ 出平安城，由乩童來為信眾解厄度限給替身。

信眾要過橋解限，是統一在中午11點（午時）舉行，要過限橋的信眾須先去購買生肖替身，接著等待時辰一到，

1 〈文朱殿沿革〉碑誌，2005。

神明降駕於乩童身上，由乩童引領小法（法爺）團，先過七星橋開起平安城城門，信眾再隨其後，依序過了平安橋，出平安城，一出平安城須將生肖替身交給乩童，由乩童來為信眾行祭解儀式，將厄難過度給替身，當所有信眾都完成過橋過限儀式後，工作人員會將平安城關畢，並移動兩張長板凳象徵拆橋。

二、正統鹿耳門聖母廟的七星平安橋

正統鹿耳門聖母廟位於安南區土城仔聚落，為當地信仰中心，也是全臺聞名的媽祖廟，廟宇建築雄偉占地遼闊。正統鹿耳門聖母廟主祀天上聖母與五府千歲，其歷史可追溯至清康熙年間興建的古鹿耳門媽祖廟，古鹿門媽祖廟毀於清同治10年（1871）曾文溪改道的大水之中，廟內神像被移往臺南三郊廟

■ 正統鹿耳門聖母廟廟宇建築雄偉占地遼闊。

宇寄奉。同屬古鹿耳門媽祖廟祭祀信仰圈的土城仔，日治大正2年（1913）於海邊拾獲一艘王船，船上主神為五府千歲，於是當地居民便建廟「保安宮」來奉祀五府千歲與王船，此事於1914年8月27日《漢文臺灣日日新報－鹿耳門浮覆》有著這樣的報導：「鹿耳門臺灣八景之一，距安平西北海岸，約一里許，四面皆海，中一浮嶼，百餘年前，臺南三郊建三進廟宇，奉祀天上聖母，名曰鹿耳門媽祖，道光年間，全座被水淹沒，至今當陰曆七月十四日，三郊在水仙宮開盂蘭會，相傳為鹿耳門寄普，邇來該廟宇漸漸浮復，附近土城仔庄民陸續收拾之，據聞埋入水中約三四丈深，惟木料無存，磚石似無流失，至近頃香爐灼臺亦皆浮出，並廟中器具，俱完全無缺，該地父老來談，緣去年有一王船，不知從何處流來，滯在廟之故址，入夜則船

■ 日治大正2年（1913），土城人於海邊拾獲一艘五府千歲王船。

內燈火輝煌，時聞咿嚕聲，一日有一庄民，忽作乩童語曰，吾乃船中之五王，係奉湄州聖母命，將來重新起蓋鹿耳門媽祖廟者，該地現屬蕭壠支廳管下，事聞於當道，以為造謠者，是日將該船欲付之一炬，時支廳內忽有一巨蛇，自中梁間墜下，知其有異，乃准其捐題建築，已擇舊廟約半里之地，不日將大興土木之工云。」

日治大正7年（1918），保安宮舊廟拆除，於今土城仔城西街、城北路、安中路交會處，興建規模較大的廟宇「保安宮」，並前往三郊請回寄祀的古鹿耳門媽祖廟媽祖與諸神神像，合祀於新建之保安宮廟內，直到1960年時更名為「鹿耳門聖母廟」，1981年於今址興建廟宇竣工入火安座後，再度更改廟名為「正統鹿耳門聖母廟」。

正統鹿耳門聖母廟於春節期間，架設有七星平安橋供信徒過橋解厄，其七星平安橋共分成2個主架構，第1部份是奉祀正統鹿耳門聖母廟武館柴座三媽、[2]范府千歲、將軍府的神案；第2部份則是七星平安橋主體，橋是木作廊橋，橋尾頂端奉著西天佛祖，橋下置有7座蠟燭燈火，橋頭與橋尾各放一個烘爐火，橋旁則置有五色布。

信眾要過橋過限，須先於橋頭廟方服務人員處，購買自己生肖的替身，再至奉祀正統鹿耳門聖母廟武館柴座三媽、范府

2　清道光8年（1828）姚瑩於所著《東槎紀略》中〈籌建鹿耳門砲臺〉文中載：「然南線舊建天后宮已百餘年，其左右文武二館，為臺防同知安平中右營員稽查商船出入掛驗之所。」當時文館武館內皆奉有媽祖，文館內所奉為銅座媽祖，稱「文館銅座三媽」，武館內則奉柴座媽祖，稱「武館柴座三媽」。

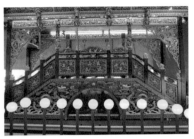

■ 聖母廟七星平安橋橋前，奉祀柴座三　　■ 聖母廟的七星平安橋，是座精緻廊橋。
　媽、范府千歲、將軍府的神案。

千歲、將軍府的神案前祭拜，接著跨過橋頭烘爐火走過七星平安橋，並從橋頂的西天佛祖座下鑽過，跨過橋尾烘爐火出七星平安橋，由2位廟方工作人員，共持手轎為信眾進行祭解，過限給替身，並在信眾頸背蓋上神明印章，最後信眾可喝杯平安茶，拿張平安符，完成過橋過限儀式。

第五節　什二佃南天宮與新營延平郡王府的七星平安橋

一、什二佃南天宮的七星平安橋

　　安南區什二佃，最早是由程、高、毛、吳、許、陳等諸姓12位佃人於此開墾，故地名稱為「什二佃」，信仰中心為主祀池府千歲的南天宮。南天宮創建於清光緒元年（1875），當時只是一間草庵，日治大正3年（1914）始建磚造公厝，定廟名為「南天宮」。1963年時曾重建新廟，而今廟貌為2007年所重修。

每年農曆6月18日為主神池府千歲聖誕，當日上午9時至12時，會進行各友宮交陪境、各社團團拜祝壽大典，現場也提供現煮平安紅湯圓，供善信大德吃平安，下午3時起，則有免費過七星平安橋、淨油，供善信大德消災祈福，晚上則有巡庄安營繞境非常之熱鬧。

　　什二佃南天宮的七星平安橋，就只有七星平安橋這個主架構，橋是由鐵架所搭成，橋前置有一「烘爐火」，橋尾階梯下方放著一個裝滿水的水盆，橋頭與橋尾各搭一門，橋頭之門寫有「龍喉」二字，上面奉有「池府千歲」神像，橋尾之門則寫有「虎口」二字，上面奉有「天上聖母」神像，橋下置有7座烘爐火排列成七星狀與2付「牲禮」，橋身則繪有12生肖，最後橋尾則是有一「油鼎火」。

　　南天宮舉行過橋是在下午3點多，由紅頭法師進行造橋儀式，由於當日南天宮也要舉行安外五營的儀式，故當神明降駕於「手轎」後，會先進行敕「青竹符」與「五營營旗」，接著再由「乩童」與「手轎」，進行開橋儀式率先過七星平橋，隨後會

■ 信眾先讓「手轎」祭解，再跨過烘爐火登上七星平安橋。

■ 信眾過完七星平安橋，再過「油鼎火」。

讓廟方管理委員會與宋江陣人員，先過七星平安橋，接著才開放給一般信眾來過。

過橋過限儀式，是由「手轎」先為信眾祭解，接著信眾跨過烘爐火，由「龍喉」入「虎口」出方式，走過七星平安橋，最後再由紅頭法師於「油鼎火」處，為信眾進行過「油鼎火」潔淨身心，完成過橋過限儀式。

二、新營延平郡王府的七星平安橋

新營延平郡王府主祀開臺聖王（延平郡王－鄭成功），緣於嘉義東石栗子崙鄭家宗親會到臺南延平郡王祠，分靈開臺聖王回庄內救世，後來神尊請入栗子崙靈慈宮，1966年後開臺聖王降靈於乩童鄭山林身上，指示將神尊移遷至新營市中華路住所設壇濟世救民。1993年成立建廟籌備委員會，並開始募款，2000年動工開始興建廟宇延平郡王府，2002年12月廟宇竣工慶成入火安座。[3]

新營延平郡王府於春節期間所架設的七星平安橋，共分成3個主架構，第1部份是7個烘爐火排列成的「七星爐」；第2部份是七星平安橋主體，橋身是鐵架構成，橋面是鐵架上放置7根竹子的橋面，橋下則是放置7座烘爐火，排列成七星狀，烘爐火之熱氣可直接穿越橋面7根竹子的縫隙，到達橋面上，

3　清道光8年（1828）姚瑩於所著《東槎紀略》中〈籌建鹿耳門砲臺〉文中載：「然南線舊建天后宮已百餘年，其左右文武二館，為臺防同知安平中右營員稽查商船出入掛驗之所。」當時文館武館內皆奉有媽祖，文館內所奉為銅座媽祖，稱「文館銅座三媽」，武館內則奉柴座媽祖，稱「武館柴座三媽」。

橋頂則蓋繡布，上面繡有八卦圖，橋身掛有布條遮掩，布條書寫著「驅走凶星煞神消災解厄渡平安橋賜福」；第3部份是奉祀延平郡王的神案桌。

■ 新營延平郡王府是先過七星爐火，再過七星平安橋。

信眾要過橋過限，須先過七星爐，再走過七星平安橋，最後於延平郡王的神案祭拜祈求消災解厄，完成過橋過限儀式。

■ 第六節　麻豆海埔池王府與麻豆代天府的七星平安橋

一、麻豆海埔池王府的五關七星平安橋

「海埔」為昔日倒風內海的海岸沙洲故名之，因舊時麻豆迎鯤鯓王時，會先於海埔駐駕過夜，當時庄民必搭壇祭拜並聘請戲班演出酬神，故海埔又有「王爺埔」與「戲棚地仔」之稱。池王府為海埔信仰中心，主祀池府千歲，據廟方沿革碑誌記載，池府千歲金身為1665年時由李氏先民來本庄屯墾時，迎奉至此搭建草寮膜拜。1984年池王爺乩童勘查廟地，降駕指示「王爺埔」地理興旺重建時機已到須速興建廟宇，於是善男信女蜂擁而至共襄盛舉，1988年農曆3月14日廟宇竣工舉行入火安座。

麻豆海埔池王府於春節期間所架設的五關七星平安橋，共分成4個主架構，第1部份是由木板釘製的5個城關，依序分別是第1關「南北斗壇」，城關裡面奉有南、北斗星君，入關後可來祈求南、北斗星君消災解厄；第2關是紅色城關「水雷關」，過了關可解水禍、雷劫；第3關是黃色城關「風火關」，過了關可解風災、火難；第4關是藍色城關「災厄關」，過了關可解一切災厄；第5關是綠色城關「脫

■ 麻豆海埔池王府於春節期間架設五關七星平安橋。

■ 信眾通過五個城關與七星平安橋，再由法師進行祭解。

離關」，過了關可脫離一切關煞。

第2部份架構是「七星平安橋」主體，橋主要是以鐵材構成，橋下放置7座蠟燭燈火，排列成七星狀，橋身繪有龍虎；第3部份架構則是鐵材架起的高臺，臺上奉祀神明；第4部份架構則是一烘爐火。

信眾要過橋過限，須先向廟方服務人員購買自己性別的

男、女替身，再拿著替身由「南北斗壇」進入依序通過五個城關，還有走過七星平安橋，鑽過奉祀神明的高臺，然後將替身交給法師進行祭解，度限給替身，最後跨過烘爐火，完成過橋過限儀式。

二、麻豆代天府的龍虎七星平安橋

麻豆代天府又稱「五王廟」，主祀李、池、吳、朱、范王五府千歲。據廟方說法，麻豆代天府原創建於鄭氏時期永曆16年（1662），時為當地居民所搭寮奉之「保寧宮」，清乾隆20年（1755），巡台御史勘悉水堀頭係一靈穴，為「龍喉穴」之像，日後地方必出天子，竟假建水堀頭橋之名，用石車填堵「龍喉穴」來破壞麻豆地理，於是五府千歲神靈便移駕至南鯤鯓代天府，此後麻豆便產生迎請鯤鯓王出巡之俗。

1956年農曆4月6日麻豆迎請鯤鯓王期間，忽然神轎靈動起來，前往水堀頭插香並指示重啟靈穴，於是信眾遵照神示果然挖出石車36枚、巨石72顆，證實昔日敗地理之傳說非假，於是地方盛傳五王將重回麻豆，地方仕紳也開始倡議籌建廟宇，並成立「麻豆代天府建廟委員會」，於1956年農曆11月26日動工興建廟宇，麻豆代天府整體建設於2002年北香客大樓完工後，才算全部竣工。

麻豆代天府於春節期間會架設的龍虎七星平安橋，其橋共分成2個主架構，第1部份是龍虎七星平安橋主體，橋是七曲狀的廊橋，橋頭為立體張嘴龍頭，嘴前有一龍珠，橋尾則是立體張嘴虎頭，橋頂有五色布蓋護著，每個轉角處則貼有「閭山

吞煞符」，橋下則放置7座蠟燭燈火，排列成七星狀，整座龍虎七星平安橋，是由專做藝閣牌樓的「古都民俗實業社」所搭設；第2部份則是一座木作高臺，高臺上有李、池、吳、朱、范五府千歲神轎。

　　信眾要過橋過限，須先向廟方服務人員購買自己性別的男、女替身，再拿著替身先到龍嘴前由道長先進行祭解，再手摸龍珠後，由龍嘴進入通過龍虎七星平安橋由虎嘴走出，接著鑽過放著神轎的高臺，完成過橋過限儀式。

■ 麻豆代天府於春節期間，架設龍虎七星平安橋。

■ 信眾走過龍虎七星平安橋，接著再鑽過神轎。

▎第七節　六甲保安宮與佳里金唐殿的七星平安橋

一、六甲保安宮的七星平安橋

　　六甲保安宮位於六甲「蕭厝角」，「蕭厝角」為鄭氏時期蕭氏家族墾地故名之。六甲保安宮主祀中壇元帥，陪祀田府元帥、尤府千歲、太乙真人、福德正神、註生娘娘、文昌帝君、

月下老人等神尊。廟中主神中壇元帥原為福州屏山天皇廟，廟中所奉祀由四川翠屏山分靈而來的中壇元帥，某年有山西太原王姓人氏前來福州屏山任官，並將中壇元帥迎回山西太原奉祀；因緣際會下中壇元帥神像，隨王姓後人輾轉來臺，初為六甲庄民所輪祀，後與田府元帥、尤府千歲合祀於辜姓人家宅中。1980年由地方仕紳陳清德先生發起議建廟宇，1984年竣工落成定廟名為「六甲保安宮」，今廟貌為2010年修建完工。[4]

六甲保安宮於春節期間，亦有架設七星平安橋，其七星平安橋有2個主架構，第1部份是七星平安橋主體，橋是以鐵材構成，橋頭與橋尾各擺放著1個烘爐火，橋面鋪著1面書有「奉三宮大王母敕令造金橋銀橋過關過限押煞罡」的黑色布符，橋頂蓋著1面綠、紅、黃、白、黑5色所構成的「五色布」，橋下放置7座蠟燭燈火，排列成七星狀，橋身繪有12生肖，並於每

■ 信眾過橋過限，須持改年經包起來的天庫金紙。

■ 七星平安橋，於每一生肖上各貼1張「制煞符」。

4　中央研究院，文化資源地理資訊系統，2018年5月17日，檢索取自 http://crgis.rchss.sinica.edu.tw/temples/TainanCity/shinying/1101009-YPJWF/view

一生肖上各貼 1 張「制煞符」；第 2 部份則是奉祀中壇元帥、田都元帥、尤府千歲的神案桌。

　　信眾要過橋過限，須先向廟方服物人員購買由改年經包起來的天庫金紙，再拿著跨過橋頭烘爐火，走過七星平安橋，再跨過橋尾烘爐火，至奉祀中壇元帥、田都元帥、尤府千歲的神案桌前，將改年經包起來的天庫金紙拿給法師，由法師進行祭解儀式，完成過橋過限。

二、佳里金唐殿的蜈蚣七星平安橋

　　佳里金唐殿為佳里的信仰中心，主祀朱、雷、殷三府老爺，副祀開基觀音佛祖、蕭府千歲、金府千歲、方府娘娘、中壇元帥，陪祀韋馱尊者、伽藍尊者、十八羅漢、福德正神、註生娘娘、謝將軍、范將軍等。佳里為舊時平埔族之蕭壠社，據傳說明末時有一艘渡海來臺的船隻，因遇船難，船上的難民幸被蕭壠人救起，於是定居於蕭壠，並建一小廟奉祀隨身的守護神金府元帥（現已奉旨升格為金府千歲）與方府娘娘，後廟內又增祀了蕭府千歲與佛祖媽。[5]而今廟中主祀之朱、雷、殷三府千歲，據傳為清初時，蕭壠庄民前往保大西里大人廟（今歸仁保西代天府）迎請三老爺香火而來，因「語音」之誤或避「偷香」之嫌，原本大人廟的朱、池、李三老爺，來到金唐殿後成了朱、雷、殷三府千歲。[6]

5　〈六甲保安宮沿革〉碑誌，2011。
6　黃名宏等人，《蕭壠香－佳里玉勅皇勅金唐殿乙酉香科五朝王醮記實》，（臺南：佳里玉勅皇勅金唐殿，2006），頁29。

佳里金唐殿據傳曾有拾獲王船的紀錄，在《蕭壠香－佳里玉勒皇勒金唐殿乙酉香科五朝王醮記實》一書中，有著這樣的記載：「古早時候，曾文溪就流過佳里的第六角。後來有人發現兩艘疑為中國建醮所施放的王船，飄越臺江內海，先徘徊在北門急水溪口附近，再隨著潮水進入曾文溪，其中一艘便擱淺在蕭壠，被庄人撿起，自此開始有了王醮祭典；另一艘則飄流到蘇厝，被當地居民所拾獲。」[7]，而關於主神朱、雷、殷三府千歲來源，地方又有「王船上的神明指點蕭壠庄民，有朱、雷、殷等三尊天神奉旨下凡鎮守蕭壠庄，於是雕好朱、雷、殷三位王爺的金身後，到當時最大的廟宇歸仁大人廟借殿開光，再迎請回金唐殿奉祀。」的說法。[8]

佳里金唐殿因有著拾獲王船的傳說，所以有了舉行王醮的傳統，目前每逢子、卯、午、酉年舉行，是屬三年一科的香醮，有「蕭壠香」之美名。每逢香醮期間，廟方會建造一艘華麗的王船，並於王船旁架設蜈蚣七星平安橋，以供信眾過橋解厄。

蜈蚣七星平安橋，環繞王船成ㄇ字形，橋下置有七星燭火，橋身則有十二生肖和雷公、電母、風伯、雨師的彩繪，橋頭入口門處畫有蜈蚣頭，橋尾出口門處則畫有蜈蚣尾，橋身步道上頭則以布繪有蜈蚣身連接頭尾，並置有36天罡、72地煞令共108支，故平安橋又名「36天罡72地煞蜈蚣平安橋」。

信眾要過橋解限，須先向廟方服務人員購買替身，再拿著

7　黃文博，《南瀛王船誌》，頁115。
8　黃名宏等人，《蕭壠香－佳里玉勒皇勒金唐殿乙酉香科五朝王醮記實》，頁43。

臺南過火儀式

■ 佳里金唐殿因
有著拾獲王船
的傳說,所以
有舉行王醮的
傳統。

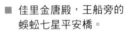

■ 佳里金唐殿,王船旁的
蜈蚣七星平安橋。

■ 蜈蚣七星平安橋,謝橋
後恭送36天罡、72地
煞令。

替身跨過烘爐火，蜈蚣頭處進入走過平安橋由蜈蚣尾走出，接著將替身交由法師進行祭解，將所有災厄度給替身承受，完成過橋解厄儀式。

第七章

臺南過火儀式田野調查（3）——過烘爐火、油鼎火、金紙火

■ 第一節　灣裡南岩超峰寺過烘爐火儀式

　　南岩超峰寺位於灣裡西南端二仁溪出海口北端聚落，每年農曆2月19日觀音佛祖聖誕時，皆會前往大岡山超峰寺進香，並舉行平安繞境，而繞境結束入廟前亦會舉行「烘爐火」形態的「過七星爐火」過火儀式。

一、灣裡南岩超峰寺沿革

　　灣裡南岩超峰寺創建於1868年，當時開基老三王，姓朱名壽華，於山東辦未山奉天宮移靈至臺南市灣裡地區南港厝仔草廟供奉。繼之洪府元帥姓翁名夷中，廣東省人氏，於1883年進南港厝仔草廟與老三王公，共同鎮守灣裡地區二仁溪口。

■ 灣裡南岩超峰寺主祀觀音佛祖。

　　相傳 1909 年當地瘟疫遍行、燹災並至，有一天農民堆疊的草堆突然發生大火，火勢相當奇異，村民若澆水熄滅了一端，火苗又從另一端竄起，令居民苦無對策，後來倖賢人（玄天上帝）指示，謂非有佛門高真，無能化解此大難，庄民遂扶老攜幼，懇求大岡山超峰寺觀音菩薩降臨，解此災禍，承蒙菩薩垂憐，去除這場天災，於是居民即建議建廟祀拜。

　　廟宇初創時僅是小小的草寮建物十分簡陋，後來隨著信眾的增加，1963 年廟堂第三次重建時，改為磚造建築，並將原本「佛祖壇廟」名正式更改為「南岩超峰寺」，今廟貌為 1997 年重建完竣。[1]

　　每年農曆 2 月 19 日，是南岩超峰寺觀音佛祖聖誕，是日一早廟方依例都會組團前往大岡山超峰寺進香，午後舉行回鑾繞境，為地方綏靖祈福，而神明在入廟安座前則會進行過「烘爐

1　〈臺南市南區南岩超峰寺沿革〉碑誌，1997。

火」形態的過火儀式。

　　南岩超峰寺過「烘爐火」共有7座，其擺設是由先鋒洪府元帥與虎將公共乘於四輦轎上，發輦來指示放置位置，其位置排列成七星狀，故亦稱「過七星爐」。7個過烘爐內，除燃燒木炭外，每個爐中亦燃燒觀音佛祖事先派下的符令，待七星爐安置完成，四輦轎引領著黑旗黑旗官、五寶、廟中所有神尊（由信眾雙手捧著）、信眾等，依序跨過七星爐，完成過火儀式，迎奉神尊入廟安座。

　　南岩超峰寺除了每年農曆2月19日，進香繞境入廟前的過七星爐儀式外，更會於觀音佛祖聖誕前兩日，依觀音佛祖所授，於廟前廣場排起36顆烘爐組成的「七星平安爐」，每顆烘爐內皆燃燒著木炭，而其「七星平安爐」的每個角點處，都會有一尊神像來安鎮，信眾從入口處開始跨過36顆烘爐火，然後再過油鼎火，最後由觀音佛祖的四輦轎，為信眾祭解一番，消災解厄，完成整個過「七星平安爐」儀式。

■ 灣裡南岩超峰寺進香回鑾，神尊過七星爐火。

■ 由36顆烘爐火與油鼎火組成的「七星平安爐」陣。

■ 第二節 白河三官寶殿過三官七星爐火

　　白河是臺南市的最北端，鄭氏時期即有漢人沿八掌溪與急水溪，前來此處開墾，而三官寶殿位於白河客庄的外角，聚落開發亦早，三官大帝信仰更是自開墾之初即有之。

　　三官寶殿奉祀三官大帝、天上聖母、玄天上帝、中壇太子、太祖先師、白鶴先師、五顯大帝、神農聖帝、觀世音菩薩等諸神。三官大帝信仰，是由一個「三界公爐」發展而來，此三界公爐於鄭氏時期永曆15年（1661），由先人自祖居地福建漳州攜帶護隨身來臺，後由客庄內（頂角）、外角、下角共同奉祀，戰後頂角新建王爺廟，下角新建臨水宮，以致三界宮爐歸屬外角奉祀，當時並無金身與廟宇，每年農曆十一月十五日謝冬之日舉辦祭典，臨時搭壇成為拜祭場所，並每年以杯選選出新爐主，輪祀三界公爐。

　　1954年新建廟宇落成竣工，是年農曆11月15日謝冬日時舉行慶成謝土，並為新塑三官大帝神像進行開光。1979年因廟宇歷經地震與白蟻侵入破壞，於是召開信徒大會通過重建廟宇，同年11月1日動土重建廟宇，1983年農曆1月14日竣工同時舉行謝土，並選定同年農曆1月15日三官大帝聖誕日，舉辦落成典禮安座。

　　2018年歲次丁酉年，三官大帝特奉玉旨特設「三官大帝平安七星爐火」，讓信眾能於春節前來過火祈平安、消災、解厄、納福。「三官大帝平安七星爐火」主要是由鐵架搭設而成，主體為半人高之走道，火門口（走道口）為中壇元帥坐鎮，走道

上方放置三頂神轎，第1頂神轎上坐有水官大帝、太祖先師，五顯大帝，第2頂神轎上是地官大帝、玄天上帝、伍氏聖母，第3頂神轎上則為天官大帝、南斗星君、北斗星君。走道內地上，鋪設有黃、綠、白、紅、黑五條布，並安置7座「烘爐」，排列成七星狀。

　　此「三官大帝平安七星爐火」是依神意搭設，以安「武館」之陣法建造，據廟方表示，「三官大帝平安七星爐火」之設計，意義為腳踏七星火可消災，鑽過三官大帝神轎能得到三官大帝的解厄、赦罪與賜福，而走道中設有福仁堂兵器護陣，有避邪化煞之功效。

　　「三官大帝平安七星爐火」，於除夕夜由神明降乩來開火門，正月1日至正月15日，開放讓信眾前來過火消災納福。要過爐火信眾，須先焚三柱香向眾神稟報，然後持香由火門口開始進入過爐，過爐時必須把頭輕碰走道上方的「黃布」，布上有畫有符令，並依序跨過七星爐，走

■ 2018年三官大帝特奉玉旨設立「三官大帝平安七星爐火」。

■ 走道內地上，鋪設有黃、綠、白、紅、黑五條布，並安置七星爐火。

出走道出口後，再繞到火門口香案處插香，完成過火儀式。

▊ 第三節　關廟龜洞福安堂請水火過七星爐火

　　龜洞為於關廟區南端的聚落，其地名由來據說因昔日有猴群出入於此丘陵山洞中，故又「猴洞」之稱，後來訛傳成「龜洞」，或說此間地形如龜，故稱「龜洞」，清乾隆年間即有漢人，沿二仁進溪進入此地開墾，而福安堂為此地之信仰中心，主祀清水祖師，陪祀觀音佛祖、中壇元帥、田都元帥、福德正神等神祇，清嘉慶17年（1812）建堂，有請水、請火、過七星爐火之俗。

　　福安堂的「請水火」並非每年舉行，早期並無固定間隔幾年舉行一次，今則大致隨管委會4年1任任期，最少約4年舉行1次，亦有4年舉行2次的紀錄，凡有舉行必在農曆正月初6日清水祖師聖誕凌晨舉行，舉行地點則不固定，而是由清水祖師事先指定。

　　由於福安堂的「請水火」，是屬性質為招軍納賢性質，故必前事先往清水祖師指定的水域豎立招軍旗，同時設壇派人早晚上香祭祀，直到儀式完成。以2018年為例，福安堂的「請水火」是在安平海邊舉行，正月初6日凌晨，所有神像迎請上轎，法師即於福安堂內「開大營」並關閉廟門，貼上封條，隨後包括福安堂的神轎與陪駕參與「請水火」的友廟神轎、陣頭，依序跨過烘爐火，出發前往安平海邊。

　　到達安平海邊，所有陣頭、神轎隨即進行拜壇，之後停駕

於祭壇旁，法師則於壇內進行清壇、調營等招軍科儀。「請水火」的時辰是卯時，吉時一到福安堂神明陸續降乩或發輦轎，來指示「請水火」相關事宜，並引領主委前往招軍旗下，由法師點燃「降真爐」，同一時間爐主則持一玻璃瓶裝取海水，而工作人員則拔起招軍旗。當聖火與聖水迎奉入香擔之中，由法師行謝壇之儀後，完成請水火儀式，所有神轎、陣頭即返回龜洞展開繞境。

是日中午11點，繞境隊伍回到福安堂，此時廟前步道上，早以擺設好七星爐火，而法師則頭綁紅巾、身穿龍虎裙、手持七劍與角鼓，肩披法索口中持咒演法行儀，開啟七星爐火火門。火門一開，乩童引領紅旗、香擔、神轎、陣頭，依序跨過七星爐火，並開啟廟門迎請神尊回廟安座，隨後亦將請回之聖火進行結爐，完成整個「請水火」祭典。

■ 2018年關廟龜洞福安堂，於安平海邊招軍請火。

■ 龜洞福安堂請水火回鑾入廟安座前，過七星爐火。

第四節　安平地區送神過油鼎火儀式

每年歲末農曆12月24日，是民間習俗中的「送神日」，相

傳這日百神將要返回上天朝謁玉帝，於是民眾無不準備豐盛祭品與甜料祭拜一番，望神明返回天庭時能幫忙多說些好話，好讓來年能得到上天的眷顧，多些好運。而在過年後大年初四，再舉行接神儀式迎請百神歸位。

安平地區各廟會於年底與年初，舉行送神與接神儀式，而在送神儀式中，有些廟宇也會進行焚油逐穢的煮油科儀，在過年前潔淨廟宇與境域，有些也會讓信眾過過油鼎火，除厄潔淨一番。

一、安平廟宇的送神與接神儀式概述

十二月二十四日，前數日各家掃塵，俗傳百神以是日登天謁帝，凡宮廟、人家各備茶果、牲醴，印幡幢、輿馬、儀從於楮，焚而送之，謂之「送神」。至來歲孟陬四日，具儀如前，謂之「接神」。[2]

「送神」與「接神」儀式，是臺灣的年俗，從一般民家到廟宇都有，儀式可以是簡單的焚香祭拜，焚燒「雲馬總馬」，也可以聘請法師、道士等來進行隆重的科儀。長久以來，安平舊聚落的廟宇，一直保持著自有傳統的信仰文化，歲末的送神與年初接神儀式，皆是由小法團來負責進行的。

安平廟宇的送神、接神日期，除了囝仔宮社伍德宮為農曆12月15日送神，1月15日接神外，其它廟宇大都在農曆12月

2　劉良璧，《重修福建台灣府志》，（臺北：臺灣銀行經濟研究室，1961），頁98。

23日或12月24日送神，1月3日或1月4日接神。団仔宮社伍德宮從送神後到接神，竟相隔達1個月之久。送神儀式，是由小法團來進行，大致主要分成「清壇請神」、「淨油」、「犒賞兵將」、「封印」、「送神封門」5個步驟，但非所有的廟宇都會進行「淨油」這一步驟。

在整個送神儀式中，「封印」是一個仿官例的儀式動作，《燕京歲時記》載：

> 「每至十二月，於十九、二十、二十一、二十二四日之內，由欽天監選擇吉期，照例封印，頒示天下，一體遵行。封印之日，各部院掌印司員必應邀請同僚歡聚暢飲，以酬一歲之勞。故每當封印已畢，萬騎齊發，前門一帶，擁擠非常，園館居樓，均無隙地矣。印封之後，乞丐無賴攫貨於市肆之間，毫無顧忌，蓋謂官不辦事也。」。[3]

根據清光緒32年（1906）《燕京歲時記》記載，清朝歲末皆會由欽天監擇吉日頒示天下，讓官員於年假前依及日同時「封印」，安平廟宇亦仿官例，於歲末送神前，會將神明印章收入錫製印盒中，並貼上書有「封印大吉」之紅紙，進行封印，而封印後，會於神龕兩旁貼上「封印大吉」、「合境平安」紅紙，待「封印」完成，廟方所有人員，才手持清香至廟外焚化「雲馬總馬」，跪送諸神昇天，並返回廟中關閉廟門，完成整個送

3　富察敦崇，《燕京歲時記》，（北京：北京古籍出版社，1981），頁93-94。

■ 送神用的雲馬總馬和封印用封條。

■ 廟方人員才手持清香至廟外焚化「雲馬總馬」，跪送諸神昇天。

神儀式。

　　而年初接神儀式，各廟大都還是由小法團來執行，其儀式內容大致與送神相同，只是少了「淨油」項目，因儀式目的是將歲末送返天庭的百神迎接回來，故儀式順序是送神儀式的相反，其大致為「清壇」、「接神開門」、「開印」、「犒賞兵將」。

二、送神儀式中的過油鼎火

　　在送神儀式中，當小法團進行完「清壇請神」，有些廟宇會開始進行「淨油」或稱「煮油」的逐穢儀式。儀式開始是將食用油倒入油鼎中，用火加熱後，置入由金紙做成的油心，並將其點燃，經符令與法師口唸法咒的加持，讓油鼎之火具有潔淨之效。

　　當油鍋之火到達適當溫度後，法師再以嘴含米酒或高粱酒，噴向油鼎之中，讓火燄竄起達潔淨之效。接著會移動油鼎，將廟內廟外空間潔淨一番，有的廟宇也會到境內信徒家中

或門口進行潔淨，如廣濟宮、周龍殿、文龍殿等；有的廟宇則
是信徒直接到廟裡，過油鼎火進行潔淨，並參與送神儀式，例
如弘濟宮、王城社西瓏殿等，此送神時來進行「淨油」目的，
就是要在年前來潔淨廟宇內外，與所轄境域，也讓信眾過個油
鼎火，潔淨身心、消除穢氣，以迎接新年的到來。

■ 第五節　學甲中洲慈福宮的過油鼎火儀式

　　鄭氏時期運糧官陳一桂率領陳招龍、陳石龍、陳瑞龍三子
三代13口人，隨軍渡海來臺，於頭港與將軍溪畔的頭前寮上
岸，之後在此兩地中間浮洲開墾建立聚落，故名稱「中洲」，
是學甲13庄之一。而位於中洲的東邊角頭，為邱姓人氏開墾
居住之地，俗稱為「東頭邱」，其有廟「慈福宮」，[4]每年農曆4

4　林聖欽等，《臺灣地名辭書卷7臺南縣》，頁77。

月25日皆會進行進香請水繞境，並進行過「油鼎火」後進行安座。

一、中洲慈福宮沿革

「慈福宮」俗稱「姓邱廟」，主神李府千歲、文衡帝君，金身於明末清初，由邱家先祖奉請跟隨鄭成功渡海來臺定居中洲，迄今已有三百餘年歷史。開墾初期尚未建廟時，神明金身是輪流恭奉於里民家中，遇到聖誕祭典再搭棚設壇供眾善信祈福參拜，頗不方便。1935年，族中耆老邱朝和、邱慶盆、邱變、邱德元、邱元享等倡議建立公厝，在眾人響應捐輸贊助下，未幾即克底告成。本以為至此眾神有祀奉之所，但後來因日人到處火化神明歸天，為防止眾神尊遭無妄之災，神像又再度散居於民家中奉祀。

■ 學甲中洲慈福宮開基文衡帝君神像。

1945年戰後，庄民邱三財、邱章、邱朝成、邱文桃等發動重修公厝，將眾神明迎回一同恭奉，並立廟名為「慈福宮」，自此眾人有固定祭祀之場所，香客雲集，香火更加鼎盛。此後，經過二十多年，因公厝歷經風霜剝蝕，多有損毀，已不堪使用，庄民邱順治、邱敬德父子等人鑒於此，遂倡議重建並成立委員會，公推邱矮、邱齊教為正、副主任委員，著手計畫各項重建工作。1966年11月，宮廟動土重建，在庄民及十方大德的熱心捐助下，工程順利進行，並於1968年3月竣工。

現今「慈福宮」為兩進式建築，前殿主祀李府千歲、文衡帝君、吳府千歲，後殿「慈安寺」於1980年1月興建完成，主要奉祀觀音佛祖、文殊菩薩，配祀福德正神、註生娘娘，兩旁神龕並安奉十八羅漢金身。慈福宮李府千歲、觀音佛祖等諸神，神威顯赫，靈感聖蹟不勝枚舉，因此每逢諸神聖誕，信眾雲集，香火十分鼎盛，熱鬧之景常為庄民所稱頌。[5]

二、進香請水與繞境過火

農曆4月26日為慈福宮李府千歲聖誕，每年的農曆4月25日，慈福宮皆會前往南鯤鯓代天府、漚汪文衡殿、學甲慈濟宮等廟宇進香，午後還會前往頭前寮「白礁亭」前的將軍溪畔進行「請水」儀式。

「請水」一詞於臺灣民間信仰中十分常見，但因各地的儀

5　中央研究院，文化資源地理資訊系統，2018年5月6日，檢索取自 http://crgis. rchss.sinica.edu.tw/temples/TainanCity/shiuejia/1113019-CFG

式內容的不同，而有了不同的意義，例如屏東地區的迎王祭典，到海邊或溪邊迎請代天巡狩蒞臨，皆以「請水」稱之，而臺南地區的「請水」則有「謁祖請水」、「招軍請水」、「請聖水」等儀式內容。「謁祖請水」的儀式，大都選在神明渡海來臺登陸地的水邊來舉行，或是至海邊、溪邊遙祭海峽對岸原鄉祖廟，其可單純的進行謁祖儀式，也可進行招軍儀式。而「招軍請水」儀式，則無須一定要在與神明祖源有關的海邊或水邊來舉行，其可依神明之意，任意選在一海邊或水邊來進行「招軍請水」；另一種的「請聖水」模式，則純粹是取宗教儀式用水，如王船開水路之水。

當初學甲中洲邱姓先祖即為鄭軍運糧官陳一桂之先鋒官，隨軍迎奉開基神尊，渡海來臺即於頭前寮將軍溪畔登陸，故慈福宮的「請水」儀式是屬「謁祖請水」模式。當慈福宮的進香隊伍來到將軍溪畔，即由法師進行「落馬」儀式，迎請所有神尊入白礁亭內安座，並進行落壇請神祭祀儀式，隨後領所有人員至將軍溪畔神案處，跪拜焚香面朝出海口處，遙祭祖居地祖廟。

■ 學甲中洲慈福宮，於頭前寮「白礁亭」舉行祭典。

■ 中洲慈福宮，於頭前寮將軍溪畔謁祖請水。

祭祀完畢，法師於將軍溪畔神案處，將五支外營「青竹符」立於案前，手持五營旗行「調營招軍」之儀。吉時一到，文衡帝君四輦轎發起輦來，隨即帶領爐主執事人員等衝入將軍溪內，由爐主手持陶缽往溪裡取水，再由法師以紅布封蓋陶缽，迎請上岸完成招軍請水儀式。

　　慈福宮完成進香請水回到聚落後，法師會先進行「煮油」儀式，將廟宇內外潔淨一番後，再由廟方人員抬著文衡帝君的四輦轎與油鼎，由法師引領下展開巡營繞境，為外五營換上新的「青竹符」。

■ 學甲中洲慈福宮，神尊在入廟安座前，進行過油鼎火儀式。

■ 學甲中洲慈福宮，信眾過油鼎火。

待巡營繞境完成回到廟埕廣場，所有的神尊在入廟安座前，都會進行「過油鼎火」儀式，並在所有神尊過完火後，開放讓所有的信眾也來參與過油鼎火，讓所有的人能潔身逐穢，消災解厄。

■ 第六節　學甲頂山寮張濟宮過烘爐火與油鼎火儀式

　　頂山寮位於學甲往下營的174公路上，因地處山寮之北邊故稱為「頂山寮」，頂山寮又以楊姓住民居多，亦有「楊山寮」之稱，以主祀張府千歲的張濟宮為信仰中心。

　　張濟宮創建緣由，據廟內1976年（丙辰年）立沿革碑誌記載：「光緒甲辰年，即西曆一九〇四年，九月廿日，張府千歲採出神童，指示彫刻金身，鎮守本角。七十餘年來國泰民安，

■ 張濟宮是學甲頂山寮的信仰中心。

風調雨順。民國丙辰年四月廿九日再降出神諭，指示興建張濟宮，其時諸信徒即組織籌備興建委員會，由各方信徒捐獻，共計新臺幣：壹百叁十餘萬元。於丙辰年九月十三日興工，至當年十二月完成。」。

張濟宮自1976年建廟後，於2011年再度擴建廟堂，成為今之廟貌，在這次的擴建中，原舊廟內包含門神在內，由民俗畫家潘麗水所畫之作品，都得以保留，成為現今張濟宮廟中的重要文物。

每年農曆6月14日是張濟宮「煮油」的日子，據當地耆老表示，早年這一天是會踏火的，但隨著時代的改變，現今都已改成過烘爐火了。農曆6月14日也是張濟宮巡營安青竹符的日子，傍晚紅頭法師來到張濟宮後，隨即清壇請神，開始進行煮油科儀，而廟埕上也由廟方人員關起四輦轎來。當法師「起油火」完成後，工作人員會先將青竹符與廟中的神像、兵器等過一下油鼎火，再接著用油鼎火將廟內逐稱潔淨，然後在法師與四輦轎引領下，抬著油鼎火展開巡營安青竹符。

頂山寮聚落不大，但在巡營安青竹符過程中，還須為信眾進行油鼎火的淨宅儀式，故當巡營安青竹符整個完成，回到廟中已是將近晚上8點多了。此時廟埕上早已依東、南、西、北、中五個方位，擺放了五個烘爐火，庄民也陸續來到廟埕聚集，準備過火。當巡營神轎與人員回到廟埕，法師隨即為庄民來進行過油鼎火儀式，其過油鼎火方法，是將所有人叫來圍著油鼎，當法師將酒噴入燃燒的油鼎，在火燄竄起瞬間，油鼎周圍的人，馬上伸出雙手或持衣物，往火燄上繞過。

■ 頂山寮庄民進行過油鼎火。　　　　■ 頂山寮張濟宮，神尊於安座前過五方
　　　　　　　　　　　　　　　　　　爐火。

　　在完成過油鼎儀式後，法師持七星劍開始進行安五方爐火（五營爐火）儀式，召請五營兵將於五方烘爐火處安鎮結界，並引領廟方工作人員，手捧所有神像，開始過五方爐火，待過火完成後即將神像請入廟中安坐，法師也於廟埕上行關火門之儀，完成今日的煮油、巡營、過火活動。

■ 第七節　永康保安宮過錢水路與過金紙火

　　位於臺南市永康區網寮（四分仔）復興里的永康保安宮，自2005年起展開徒步往南鯤鯓代天府進香的「三王香路」繞境活動，有別於一般廟宇於進香完成入廟安座前的過火儀式，永康保安宮在神明指示下，獨創出過錢水路與過金紙火結合的儀式，不但可為信眾消災解厄，也可為信眾增添財運，自舉辦以來都吸引著許多信眾的熱情參與。

　　永康保安宮為1987年創建，以李、池、吳、朱、范五府千歲中的吳府三王為主帥，廟內同祀五府千歲、遊巡三王、大佛

臺南過火儀式

祖、觀音佛祖、十八尊者、鄭府元帥、中壇元帥、福德正神、天虎將軍、地虎將軍。

主帥吳府三王原是由臺南北門鄉雙春六房之李家堂兄弟，於1987年2月從南鯤鯓代天府分靈奉祀，初祀於臺南市開南街「李振駒宅」，隔年1988年遷移至臺南市鹽埕金華路一段，正式立宮開壇濟世，定廟名「保安宮」。此後神威顯赫，香火鼎盛，信徒與日俱增，原有廟堂空間不敷使用，於是決定擇地遷建廟宇。

永康保安宮在擇地建廟過程頗為神奇，擇選廟地之初「主帥」吳府三王曾起駕指示，所覓之建宮立廟所在為：「前看一線天，雙手抱鳳凰；前有龍泉潭，後有梧桐樹。」，但此廟地落於何方，眾人皆無所知。後來廟中擔任手轎頭手的李振彪先生，夢得主帥吳府三王於其手心寫了一個「生」字，夢醒後將此事告知眾人，眾人大都不知神示之意，其堂兄李利恩得知後，心中忽然想到認識同是鄉雙春六房裔孫的「王明生」，於是與眾人前去拜訪住在永康網寮的王明生先生。王明生想起曾有一塊早期與親戚共同開墾之地，可做為廟地，此地在後來輾轉到李姓等多位榮民手中，於是帶領眾人來到該地，該地已荒廢很久，於是眾人當場「關手轎」來請示「主帥」，得到神示「就是這裡」。

主帥吳府三王既然有意以此荒廢之地做為廟地，於是眾人即開始與擁有所有權的李姓等多位榮民協商購地之事，起初遭到婉拒，神示再訪，李姓榮民因近日夢得此地聚集牛群，並從他身上踩踏而過，心覺此地非常人用地，於是與同袍榮民溝通

■ 永康保安宮今貌為1990年興建。

後願以300萬元售出，但此價格遠超過當時信徒能力。10日後主帥吳府三王再次降駕時，眾人將此事稟報了「主帥」，「主帥」神示10分鐘後再降諭。在眾人等待之時，電話忽然響起，李姓榮民來電表示，他們願以200萬售出，他們只收100萬，其餘100萬算捐給王爺。會有如此轉折，原來是李姓榮民經年常受骨刺之苦，在知道吳府三王欲購此地後，暗許心願，如骨刺之苦若能好轉願將此地便宜轉讓，當夜即夢得王爺在其背進行治療，醒後果真病痛大為好轉，有感神威顯赫，於是遊說其他同袍榮民將地便宜售出。

在得廟地後，信眾們即展開整地興建廟宇工作，當荒地整理完成，現場地理環境，果真如當初神示一樣「前看一線天，雙手抱鳳凰；前有龍泉潭，後有梧桐樹。」永康保宮於1990

年農曆12月22日建廟完成，並入廟安座。[6]

　　2005年春，永康保安宮奉主帥吳府三王旨意，展開往徒步往南鯤鯓代天府進香的「三王香路」活動，當時神明即以神諭示下：「開創新局面，行久人滿庭；日後全臺曉，免驚無路人。」與信徒共勉，望這從永康市保安宮行至北門鄉南鯤鯓代天府謁祖進香苦行香路，能夠持久延續，達到發揚宗教文化及導正社會善良風氣，團結社會各階層目的。

　　「三王香路」自2005年起，於每年農曆9月15日吳府三王聖誕前，擇日舉行，其活動共計2日，第一日在啟香典禮後，

■ 永康保安宮自2005年起，每年都舉行「三王香路」的進香活動。

6　黃文博、周宗楊，《三王香路誌》（臺南：永康保安宮管理委員會，2017），頁16-23。

由永康保安宮徒步展開，途經永康聖王堂、永康大橋進安宮、溪頂寮保安宮、溪頂寮天明宮、舊和順慈安宮、中洲寮保安宮、新吉保安宮、海寮普陀寺、西港慶安宮、三五甲鎮山宮、佳里中興宮、佳里青龍宮、佳里北極玄天宮、佳里鎮濟宮、佳里四安宮、佳里金唐殿等廟宇，當晚神尊駐駕佳里金唐殿，人員則夜宿學甲大灣清濟宮。第二日香路則從佳里金唐殿起行，途經佳里興震興宮、溪洲里永興宮、學甲大灣清濟宮、學甲池安宮、學甲慈濟宮、學甲文衡殿、新筏仔頭巡安宮、過港仔福安宮、中洲慈福宮、中洲惠濟宮、二重港仁安宮、灰磘港天封宮、灰磘港玉旨宮、西埔內西興宮、蚵寮保安宮等廟宇，於晚上到達祖廟南鯤鯓代天府，並進行謁祖進香祝壽團拜。當晚在南鯤鯓代天府餐廳用完晚餐後，隨即恭送參與的友宮神轎回駕，永康保安宮的神轎與隨香人員，則改以坐車方式返回永康保安宮。[7]

永康保安宮神轎回廟後暫停於廟埕上，陣頭則進行最後的演出，待陣頭表演結束「遊巡三王」神像被迎請至四輦轎上，準備進行保安宮最具特色的過錢水路儀式。「錢水路」是2005年永康保安宮吳府三王所開創，其意義與目的即為吳府三王所示下的「弟子為主來鋪路，神聖錢水化路行，赤足走過錢水路，走運財利大興旺」。

過錢水路舉行的場所是在廟埕「五龍丹墀」下方階梯處，「錢水路」即是利用該階梯平臺築砌而成，四邊則刻有吳府三王所示下的聯對，其左、右聯分別為為「弟子為主來鋪路，神

7　2017年三王香路行程。

■「遊巡三王」的四輦轎開啟錢水路。

聖錢水化路行」與「赤足走過錢水路，走運財利大興旺」，上
下聯對則是「錢多多多多錢」與「錢來也也來錢」。儀式展開
前，工作人員會於「錢水路」處鋪上紅布，然後於紅布上撒上
各國古今錢幣，在「遊巡三王」的四輦轎開啟錢水路後，廟方
工作人員會從「五龍丹墀」上方，將一桶桶端午節所取的「午
時水」依序倒下，午時水經由「五龍丹墀」流進錢水路，有著
象徵「五龍吐錢水」之意，而此刻也正式展開「過錢水路」儀式。

　　要參加「過錢水路」的信眾，須赤腳並以水洗淨腳底後，
再排隊有序的鑽過「遊巡三王」的四輦轎，以爬行方式，手摸
錢水路的錢幣通過錢水路，然後起身於燃燒金紙的「金桶」前，
以雙手過火做出抓取動作，再將雙手放入口袋內，象徵將所有
錢財帶回家，從此可以財運亨通，錢多多也。這種行之有年獨
創的過錢水路與過金紙火儀式，不但可藉由鑽神轎來進行消災

解厄，又可過錢水路來求財，故有越來越多信眾參與，所以往
往都進行到晚上11點多才結束，神轎上的神尊則須等過錢水
路結束後才會迎請入廟進行安座。

■ 信眾赤腳跪地爬行過錢水路。

■ 過完錢水路再過金紙火，把滿滿錢源
帶回家。

第 八 章

結論

　　「過火」是民間信仰裡，一種通過火燄來讓
人、器物、空間達到聖化、潔淨的儀式，由於儀
式執行者的不同，與地方俗例的差別，形成各式
各樣多元化的過火方式。本書主要是從文獻與實
際田野調查兩部份，來探討這多元的過火儀式意
涵與臺南地區現存的過火儀式特色，並得到以下
結論：

一、過火形態

　　在傳統觀念中一聽到「過火」，就會想到打
赤腳從燃燒的柴堆上踏火而過，然則從實際的田
野調查中，可發現「過火」有許多不同的形態，
例如黃文博在《趣談民俗事》一書中，將其觀察
記錄的過火的形態分為「過爐火」、「過火城」、
「過柴火」、「過金火」、「過炭火」等5種；[1]林坤

1　黃文博，《趣談民俗事》，頁127。

■ 過柴火是過火的形態之一。

和則在〈二結王公廟的過火儀式研究〉一文中,將過火分為「過
金火」、「過炭火」、「過柴火」、「過火城」、「過水火」、「煮油過
火」、「過爐火」等7種。[2]而本書則以臺南地區實際的田野調查,
將「過火」的形態,分成「過柴火」、「過烘爐火」、「過金紙火」、
「過火城」、「過油鼎火」、「過香爐火」、「過燈燭火」等7種過
火形態,這7種過火形態可單獨出現於儀式中,也可多種結合
出現在一種儀式中,例如臺南市安南區什二佃南天宮的「七星
平安橋」,它就結合了「過烘爐火」與「過油鼎火」兩種形態。
而「過柴火」形態也因時代而有所改變,例如仁德區的二層行
與大甲一帶,其「過柴火」就不單單只有「赤足踏火」的「踏
柴火」模式,還有可以穿著鞋子,從排列成條線狀的柴火兩旁,
緩緩走過的「過火稜(龍)」或稱「過蕃薯稜」的模式,甚至於

2　林坤和,〈二結王公廟的過火儀式研究〉,頁67。

遇到下雨天，也可改成機動性較佳的過「七星爐火」模式。

二、過火儀式

　　臺南舉行過火儀式的時間，大都是在神明聖誕或舉行廟會繞境時，而在過火儀式中，擔任儀式執行者的通常是法師、道士、神明，神明是指神明所降駕，而產生靈動的乩童、手轎、輦轎、八抬大轎等，其中以法師配合神明最為常見，這也是從古至今，臺灣有關過火儀式文獻與書籍記載中最為常見的。

　　過火儀式，雖各法派傳承不同，但大致上還是可分為「焚香啟奏」、「清壇請神」、「召請五營兵將安鎮五方」、「開火門」、「過火」、「關火門」、「謝壇」等。當然各地的也有不同的過火特色，除了過火「形態」的差別外，還有過火時有沒有撒鹽所產生的「過生（青）火」與「過熟火」之分。而在過火方向其實各地也有不同，在法師的儀式傳承上，都有著過火儀式「火

■ 法師、道士、乩童是過火常見的儀式執行者。

門」須開在當年年向大利方位的說法，也就是從朝向該年的大利方向先來過火，如有再過第 2 次或第 3 次之時，才可從其它方向來過，[3]這種會依「年向」來過火的方式，依筆者的田野調查，以山裡地區較多，平地則除了有些法師仍堅持依「年向」來過外，其它許多地方或因神明的指示，或配合場地空間與入廟安座動線，並沒有依該年的大利方向先來過火。

三、過火的目的

不管是何種形態的過火儀式，其目的大都是相同，就是要藉過火之視覺感展現神威，並藉火燄之威驅逐不潔穢氣，使地方潔淨安寧，人亦可透過過火儀式來消災解厄，這種過火目的不管在臺灣何處，都有相同的認知，即使在從前亦是如此，故 1899 年 10 月 27 日《漢文臺灣日日新報－神像過火》的報導，文中認為「再將神像過火，以清潔佛身」；1908 年 1 月 1 日《漢文臺灣日日新報－驅神》一文，認為過火可「義蓋欲拔除不詳也」；1908 年 4 月 28 日《漢文臺灣日日新報－踏火何多》，一文，認為過火「壹為閤境康寧，貳則消除身體污穢，無病息災云」；1908 年 5 月 29 日的《漢文臺灣日日新報－异神踏火》一文，也是認為「一可晏境內，一得以免身體災侵」。

3　有的法師亦認為舉行過橋解限儀式，所搭的「七星平安橋」方向，也須是該年的大利方。

四、過火的禁忌

　　過火的禁忌並非每個地方都相同，也會因時、因地的不同，甚至於因神意而有所改變。在危險性較高的踏火形態過火中，其禁忌要求特別嚴格，單參與踏火的人員，就有准許民眾參與和不准民眾參與，禁不禁女性參與的分別；再者就是忌諱不潔，例如守喪、女性生理期等，這是一種對宗教儀式的尊重，也是民間信仰裡自我保護的觀念。

　　隨著時代的改變，傳統民俗觀念中對女性所產生的禁忌變化最大，各地也有不同的認知，在許多的過火儀式中，常見的就是禁止正處在生理期期間的女性過火，當然對女性的禁忌與何種的過火形態也有著關係，例如過七星橋的跨過爐火，在不論是否生理期之下，大部份是不會禁止女性跨過去的，但過油鼎火的過火形態，有的會只准男性跨躍而過，而禁止女性跨越，女性只能從油鼎火旁走過，這樣的禁忌顯然是與過火的安

■ 過油鼎火往往只准男性跨躍而過，女性只能從旁走過。

全性有關，是怕女性在跨躍油鼎火時，因為緊張害怕而踢翻了油鼎火，事實上在田野調查中，也是可見男性跨躍時，不小心踢翻油鼎火的，故現今的過油鼎火儀式，除了少部份地區還保留著跨躍式的過油鼎火外，大部份是不分男女都是從油鼎火旁走過。

　　過火雖是常見的民間信仰儀式，但或許是常見，顯得不奇特，亦或許是往往是大祭典中的一個小儀式，並沒有太大的宣傳與資訊，過火相關研究與書籍也不多見，本書在有限時間內，針對臺南地區的各種過火形態做調查研究，雖難免有遺漏與不足之處，唯期望本書出版，能讓讀者對臺南的過火儀式有初步的瞭解，在未來也能夠有更多人，投入到過火相關研究與記錄。

臺南過火儀式

參考書目與網站

專書

- 李叔還，《道教大辭典》。臺北：巨流圖書公司，1979。
- 林豪，《澎湖廳志》。臺北：臺灣銀行經濟研究室，1964。
- 不著撰人，《安平縣雜記》。臺北：臺灣銀行經濟研究室，1959。
- 黃文博，《趣談民俗事》。臺北：臺原出版社，1998。
- 鈴木清一郎，《臺灣舊慣冠婚葬祭與年中行事》。臺北：臺灣日日新報社，1934）。
- 李世寶，《中營慶福宮沿革志》。臺南：慶福宮管理委員會，2016。
- 陳進成、洪瑩發，《東港迎王平安祭典》。文化部文化資產局，2015。
- 黃文博，《學甲上白礁暨刈香》。臺南：臺南市政府文化局，2013。
- 林聖欽等，《臺灣地名辭書卷7臺南縣》。南投：臺灣省文獻委員會，2000。
- 吳明勳、洪瑩發，《臺南王爺信仰與儀式》。臺南：臺南市政府文化局，2013。
- 仁德萬龍宮文史工作室，《仁德鄉港崎頭志》。仁德萬龍宮，2001。

- 黃名宏等人，《蕭壠香－佳里玉勅皇勅金唐殿乙酉香科五朝王醮記實》。臺南：佳里玉勅皇勅金唐殿，2006。
- 黃文博，《南瀛王船誌》。臺南：臺南縣文化局，2000。
- 《佳里金唐殿民國102年（2013）農民曆》。臺南：三級古蹟佳里金唐殿，2013。
- 劉良璧，《重修福建台灣府志》。臺北：臺灣銀行經濟研究室，1961。
- 富察敦崇，《燕京歲時記》。北京：北京古籍出版社，1981。
- 黃文博、周宗楊，《三王香路誌》。臺南：永康保安宮管理委員會，2017。

期刊論文

- 林承緯，〈火的民俗信仰及宗教祭典－以澎湖、北臺灣的法教過火為探討中心〉，《澎湖研究第11屆學術研討會論文輯》。澎湖縣政府文化局，2012。
- 邱致嘉，《安平宮廟小法團之研究－以海頭社法派為例》。國立臺南大學臺灣文化研究所碩士論文，2012。
- 劉枝萬，〈臺灣之法教〉《臺灣文獻》，57卷3期。國史館臺灣文獻館，2006。
- 游謙，〈神聖的試煉：永鎮廟的王公過火〉，《儀式、廟會與社區：道教、民間信仰與民間文化論文集》。中央研究院中國文哲研究所，1996。
- 林坤和，《二結王公廟的過火研究》。佛光大學宗教學係碩士論文，2008。

臺南過火儀式

網站

- 中央研究院漢籍電子文獻，http://hanji.sinica.edu.tw
- 臺灣化學教育網站http://chemed.chemistry.org.tw
- 東港東隆宮網站，http://www.66.org.tw/index.php
- 新北市文化資產數位學習網http://www.newtaipeiheritage.tw
- 淡水文化基金會網站http://www.tamsui.org.tw
- 臺南市清慈宮官方網站，http://patriarch.org.tw/index.php
- 慈濟宮網站，http://www.tcgs.org.tw/about_from.html
- 中央研究院文化資源地理資訊系統，http://crgis.rchss.sinica.edu.tw
- 廟宇碑誌
- 何厚憎，〈普庵寺沿革〉碑誌，2006
- 港崎頭萬龍宮，〈鎮殿王船沿革〉碑誌，1993。
- 薛中田，〈臺南縣仁德鄉大甲慈濟宮沿革〉碑誌，2003。
- 〈文朱殿沿革〉碑誌，2005。
- 〈六甲保安宮沿革〉碑誌，2011。
- 〈臺南市南區南岩超峰寺沿革〉碑誌，1997。
- 〈頂山寮張濟宮沿革〉碑誌，1976。

作者簡介

吳明勳

台灣淡南民俗文化研究會理事、大臺南文化研究員。

對臺灣民間信仰有多年的田野調查經驗，尤其在安平民間信仰
與迎王祭典上，有著深入的觀察與研究。

【專書著作】

- 2008年《灣裡萬年殿戊子科五朝王醮醮志》，多人合著。
- 2013年《臺南王爺信仰與儀式》，與洪瑩發合著，臺南市政
  府文化局。
- 2014年《與千歲爺有約－台南蘇厝長興宮七朝瘟王大醮典》，
  多人合著。
- 2015年《巡狩神舟-臺灣王爺祭典中的王船製作技術》，多人
  合著，文化部文化資產局。
- 2016年《鹿耳門聖母廟土城仔香》，與周宗楊合著，臺南市
  政府文化局。

- 2017年《新營太子宮羅天大醮志》，多人合著，新營太子宮。

【期刊論文】

- 2013年〈安平十角頭社廟宇農曆七月的普度祭典〉，臺南文獻第4輯。
- 2014年〈上香山-安平迎媽祖〉，臺南文獻第5輯。
- 2014年〈安平囝仔宮社伍德宮金德安號王船辛卯科（2011）王醮紀實〉，臺南文獻第6輯。
- 2016年〈安平廟宇歲末送神與年初接神儀式初探〉，臺南文獻第9輯。
- 2016年〈打造神舟：西港刈香的王船製作〉，臺南文獻第10輯。
- 2017年〈2016年安平開臺天后宮往福建謁祖參香紀實〉，臺南文獻第12輯。
- 2018年〈臺南二層行與大甲地區廟宇的過火儀式形態〉，臺南文獻第13輯。

臺南過火儀式研究

大臺南文化叢書第7輯——在地文史研究

作　　　者／吳明勳
社　　　長／林宜澐
總　　　監／葉澤山
召 集 人／黃文博
行政編輯／何宜芳、陳雍杰、許琴梅
總　編　輯／廖志墭
編輯協力／林韋聿、謝佩璇
企　　　劃／彭雅倫
書籍設計／黃子欽
內文排版／藍天圖物宣字社
審　　　稿／謝國興

出　　　版／臺南市政府文化局
　　　　　　地址：永華市政中心：70801臺南市安平區永華路2段6號13樓
　　　　　　民治市政中心：73049臺南市新營區中正路23號
　　　　　　電話：（06）6324453
　　　　　　網址：https://culture.tainan.gov.tw

　　　　　　蔚藍文化出版股份有限公司
　　　　　　地址：10667臺北市大安區復興南路二段237號13樓
　　　　　　電話：02-2243-1897
　　　　　　臉書：https://www.facebook.com/AZUREPUBLISH/
　　　　　　讀者服務信箱：azurebks@gmail.com

總 經 銷／大和書報圖書股份有限公司
　　　　　　地址：24890新北市新莊區五工五路2號
　　　　　　電話：02-8990-2588

法律顧問／眾律國際法律事務所　著作權律師／范國華律師
　　　　　　電話：02-2759-5585　　網站：www.zoomlaw.net

印　　　刷／世和印製企業有限公司
定　　　價／新臺幣350元
初版一刷／2019年9月
ISBN：978-986-97731-6-4
GPN：1010801158
分類號：C066
局總號：2019-492

國家圖書館出版品預行編目（CIP）資料

臺南過火儀式研究 / 吳明勳著 . -- 初版 . -- 臺北市 : 蔚藍文化 ; 臺南市 : 南市文化局, 2019.09
　面；　公分 . --（大臺南文化叢書. 第7輯；5）
ISBN 978-986-97731-6-4（平裝）
1.民間信仰　2.臺南市
538.83308　　　　　　　　　　　　　　　　　　　　　　　108005973